4차 산업혁명 시대 **중국의 역습**
반도체전쟁

KB192342

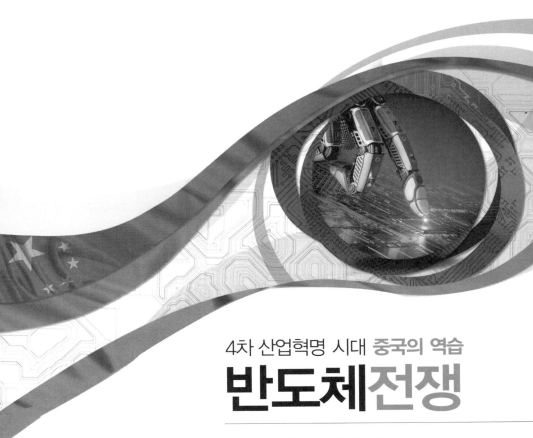

4차 산업혁명 시대 중국의 역습
반도체전쟁

남윤선·이정·허성무 지음

한국경제신문

추천의 글

최근 몇 년 사이 외부에서 가장 많이 받았던 질문은 "중국 반도체 추격에 대한 한국의 대응은 무엇인가?"였습니다. 그만큼 반도체 종사자가 아닌 대중들까지도 중국의 거센 추격을 인지하고 있을 뿐 아니라, 반도체와 연관된 비즈니스 영역이 맞이할 대변화에 위기감을 느끼고 있다는 의미일 것입니다.

중국은 이미 전 세계 반도체 수요의 절반 이상을 차지하고 있으며, 향후 잠재력 또한 크다는 점에서 모든 기업에 여전히 매력적인 무대입니다. 이 기회의 시장에서 중국산 반도체의 비중은 세계 10% 미만에 머물러 있습니다. 일부에서는 낮은 자급률과 선진 기술과의 격차를 근거로 '중국 반도체 위협설'이 지나친 우려라고 이야기하지만, 바로 그런 이유에서 중국 반도체의 발전은 선택이 아닌 필연적인 상황이 될 것입니다.

중국의 IT 기술은 생각보다 상당한 수준에 이르렀습니다. 이들의 경쟁력은 전통 가전과 모바일을 넘어 자율주행차와 AI(인공지능) 등 차세대 영역에서도 빠른 속도로 발전하고 있습니다. 이 과정에서 절대 우위를 지켜왔던 한국 기업들은 하나둘씩 자리를 내주고 있습니다. 반도체가 IT 전쟁 한가운데에 서게 된 까닭은 현재 진행되는 변화뿐만 아니라 앞으로 진행될 4차 산업혁명의 더 큰 변혁 속에서 각종 신기술을 가능케 하는 중요한 하드웨어 요소이기 때문입니다.

현대 경제와 문화, 정치, 사회 등 거의 모든 영역에서 '차이나 파워'는 나날이 강력해지고 있습니다. 많은 사람들이 이에 대응해야 한다고 외치지만 중국의 현주소를 제대로 이해하기란 쉽지 않습니다. 저자들은 한국 반도체의 성장 과정에서부터 현재의 상황은 물론이고, 막강한 자금력과 인재를 투자하여 훨씬 앞선 미래를 준비하고 있는 중국의 철저한 계획성을 보고합니다. 또한 인접 분야가 경험한 실패 사례를 통해 우리에게 경고 메시지를 전합니다. 이미 일어나고 있음에도 보고 싶어 하지 않았던 현실을 여러 각도에서 직시하게 함으로써 과연 우리가 무엇을 준비해야 하는지에 대한 대답의 단초를 제시합니다.

다시 처음으로 돌아가, 중국 반도체에 대응하기 위해 가장 시급한 과제는 중국을 바로 보는 것이 아닐까라는 생각을 해봅니다. 이 책을 읽는 동안 중국의 진면목을 들여다보려면 단순한 숫자나 경제 논리 그 이상이 필요하다는 저자들의 생각에 고개를 끄덕이게 됩니다. 막대한 자본을 휘두르는 폭주 기관차라는 중국에 대한 편견에서 벗어나, 체계적이고 일사불란한 그들의 움직임 뒤에 자리한 산업 정책과 문화, 정서까지도 분석하고 대응해야 합니다. 그래야 한국 반도체의 경쟁력이 높아집니다.

반도체업의 숙명이란 마치 전력 질주하는 마라톤과 같습니다. 멈출 수 없는 레이스에 오른 이상, 다양한 가치를 아우르며 돌파구를 찾아가는 것이 우리의 숙제일 것입니다. 수백 개의 공정을 거치며 수천 가지 소재와 장비, 수만 명의 사람이 투입되는 협업의 산물인 만큼, 우리는 주변국의 견제 속에서도 중국 반도체와 적대적 관계가 아닌 협력적 경쟁자이자 파트너로서 더욱 복잡하고 고차원적인 관계를 이어가야 할 것입니다.

반도체업이 당면한 가장 미묘하고도 어려운 주제를 의미 있는 책으로 엮어낸 저자들의 역량에 박수를 보냅니다. 이 책이 중국을 더 깊이 이해하며 소통할 수 있는 길잡이가 되어줄 것이라 생각합니다.

한국반도체산업협회 회장 **박성욱**

들어가는 말

2015년 4월 8일. 기자는 베이징특파원과 함께 《한국경제신문》 1면 머리기사로 '중국, 메모리반도체에 뛰어든다'는 제목의 기사를 보도했다. 중국 기업이 메모리반도체 산업에 진출을 준비하고 있다는 내용을 한국 언론사 가운데 처음으로 다룬 것이다.

신문이 발행된 그날 SK하이닉스 주가는 3% 이상 빠졌다. 반도체 업계에서 큰 이슈라고 생각해 기사를 쓰긴 했지만 솔직히 시장이 이 정도로 민감하게 반응할 줄은 몰랐다. 한 번 봇물이 터지자 뉴스가 물밀 듯이 밀려왔다. 칭화유니라는 생소한 중국 기업이 메모리반도체 세계 3위인 마이크론을 사겠다고 덤벼들었다는 소식이 들렸고, 반도체 인력들 사이에선 중국의 반도체 업체가 현재 연봉의 10배 금액을 제안하며 인력 영입을 시도한다는 얘기도 심심찮게 들려왔다.

분위기가 심상치 않았다. 반도체는 한국의 1위 산업이다. 한국 경제 전체의 중추다. 과장 없이 고조선 이래 반만년 역사에서 우리가 '세계 정복'을 한 아이템은 메모리반도체가 유일하다.

반도체 업계와 학계에서도 해외 경험이 많은 인재들은 학회 등을 통해 중국의 무서움을 느끼고 있었다. 중국 현지에서는 삼성전자 등 한국 대기업의 스마트폰 등 주요 제품 점유율이 점점 떨어지는 와중에 반도체를 비롯한 선진 산업에 무섭게 투자하는 중국의 행태를 주목해야 한다는 전문가들의 지적이 잇따라 나왔다.

그러나 한국의 핵심 의사결정자들과 여론은 무덤덤했다. 길어야 2년이면 반도체 담당자를 바꾸는 정부는 상황 파악도 제대로 안 되고 있는 듯했다. 반도체 업계에서는 '중국의 추격은 아직 먼 얘기'라는 분위기가 지배적이었다. 여론은 반도체라는 어려운 제품의 시장 상황에 크게 관심이 없었다. 그 와중에 대학 반도체 학과에서는 인력의 씨가 마르고 있었다.

중국의 '반도체 굴기崛起'가 한국 경제 전체를 뒤흔들 수 있는 사건임을 대중에 알려야겠다고 결심하게 된 계기다. 과거에 중국이 다른 분야에서 한국을 어떻게 따라잡았고, 지금은 어떤 노력을 하고 있는지 세밀히 살펴봐야 했다. 기자 혼자의 힘으로는 부족했다.

허성무 KOTRA 선양무역관 부관장은 중국 고위 공무원의 산실인 중국사회과학원에서 '한중 반도체 협력 방안'이라는 주제의 논문으로 박사 학위(산업경제학)를 받았다. 중국 반도체 업계 고위관계자들과도 친분이 깊어 현지 상황을 면밀히 조사할 수 있었다. 이정 유진투자증권 기업분석 팀장은 16년간 반도체 업계에서 애널리스트 생활을 했다. 국내 누구보다 중국의 추격에 따른 한국 전자업의 흥망성쇠를 잘 정리할 수 있는 저자다. 여기에 기자가 현장에서 취재한 사항들과 문제의식을 더했다.

저술은 쉽지 않은 과정이었다. 기존 문헌을 '베껴서' 쓸 수 있는 부분이 한 곳도 없었다. 누구도 한 적 없는 작업이었기에 오롯이 처음부터 취재해서 글을 만들어야 했다. 이 책은 부족하나마 저자들이 반년 넘게 공력을 쏟아부은 결과다.

일반인들이 쉽게 다가가기 힘든 주제임에도 저자들의 문제의식에 공감해 흔쾌히 출판을 결정해준 한국경제신문 한경BP에 먼저 감사를 드린다. 아울러 이 책이 조금이나마 역할을 한다면 현장에서 저자들의 취재에 응해준 이름을 적을 수 없는 수많은 취재원들의 덕임을 밝힌다.

의 덕임을 밝힌다.

저자들을 대표해서

남윤선《한국경제신문》기자

CONTENTS

4차 산업혁명 시대 중국의 역습

반도체전쟁

중국 반도체,
세계 1위 자리를 위협하다

반도체를 빼앗긴
한국 경제의 모습

—
1
—

2027년 1월 7일, 한국 증시는 사상 최악의 '검은 목요일'을 맞이한다. 2026년 삼성전자의 매출이 150조 원 밑으로 무너졌기 때문이다. 삼성전자의 매출은 2010년대 중반 계속 200조 원을 넘었고, 2019년엔 260조 원을 돌파하기도 했다. 하지만 2020년대 들어서 지속적으로 하락하더니 마침내 150조 원대도 무너져버렸다. '코스피 대장주'의 몰락에 한국 증권시장은 혼돈에 빠졌다. 이날만 코스피지수가 50포인트 이상 빠지면서 주가는 심리적 지지선인 1,500선을 지켜내지 못했다. 주식시장의 폭락은 증시를 추종하거나 삼성전자를 대표종목으로 담고 있던 수많은 펀드의 부도로 이어졌다. 한국 경제는 뿌리부터 휘청거렸다.

완제품과 부품, 삼성전자를 지탱하던 이 두 기둥이 중국의 공습을 당해내지 못했다. 세계 스마트폰 시장에서 중국 오포Oppo와 비보Vivo의 점유율 합계가 삼성전자를 넘어선 지는 이미 오래다. 2010년대 중반까지만 해도 매년 100조 원을 넘기던 스마트폰 매출이 60조 원대로 떨어졌다. 하지만 시장에선 삼성전자의 본질적인 위기를 반도체의 붕괴에서 찾았다. 한때 세계 D램시장의 50%를 점유하던 삼성전자의 점유율은 25% 수준으로 떨어졌다. 2017년 첫 D램 생산을 시작한 중국의 푸젠진화반도체JHICC는 어느새 시장의 15%를 장악한 무시 못할 강자가 돼 있었다. 더 무서운 건 칭화유니Tsinghua Unigroup였다. 2020년 무려 5년간 공을 들인 마이크론테크놀로지Micron Technology 인수에 성공한 칭화유니는 엄청난 돈을 쏟아부었고 어느새 SK하이닉스를 제치고 시장 2위가 돼 있었다. 점유율은 23%로 삼성의 턱밑까지 쫓아왔다.

낸드플래시Nand Flash도 마찬가지였다. 삼성은 2014년 세계 최초로 3차원3D 낸드플래시 양산에 성공했고, 2010년대 내내 압도적인 점유율로 세계시장을 장악했다. 하지만 2016년 중국의 칭화유니와 우한신신XMC이 합작해 만든 '창장반도체'는 10년간 무서운 속도로 성장했다. 중국 정부는 자국의 스마트폰과 서버 업체들에 창장반도체의 3D 낸드를 쓰라고 강요에 가까운 권유를 했다. 이미 세계 시장을 장악한 화웨이Huawei, 오포, 비보 등 중국의 전자업계들은 정부 지원에 힘입어 삼성보다 가격경쟁력이 좋아진 중국산 3D 낸드를 적극적으로 사들였다. 스마트폰업체들뿐 아니라 데이터저장용 서버업체들도 가격이나 중국 정부와의 관계 등을 고려해 중국산 반도체 구매량을 점점 늘렸다.

창장반도체는 3D 낸드 사업 진출 초기인 2016년께부터 삼성전자, SK하이닉스의 인재들을 고액의 연봉으로 불러 모으며 한국의 기술을 가져갔다. 삼성이 첫 개발부터 양산까지 10년 넘게 걸린 3D 낸드 개발과 양산을 단기간에 해냈다. 여기에 2016년부터 3D 낸드 양산을 시작한 세계 1위 반도체 업체 인텔Intel도 10년간 점유율을 크게 늘렸다. 결국 10년 전 삼성이 독점하던 3D 낸드시장은 이제 삼성, XMC, 인텔, SK하이닉스 등이 치열하게 경쟁하는 '레드오션'으로 바뀌었다.

시장에서 스마트폰이 아닌 반도체의 부진을 삼성전자의 근본적인 위기 요인으로 짚은 건 영업이익률 때문이었다. 원래 스마트폰의 영업이익률은 10% 정도였지만 반도체는 30%가 넘었다. 10년 전엔 반도체의 매출이 스마트폰의 절반 정도였지만 영업이익은 오히려 많았다. 하지만 반도체 업계의 경쟁이 치열해지면서 영업이익률도 급락했다. 정부 지원에 힘입어 '제로 마진'으로 제품을 공급하는 중국 업체들에 맞서기 위해 삼성도 가격을 낮출 수밖에 없었다. 결국 반도체의 영업이익률도 10% 이하로 떨어졌다.

삼성전자와 증시만의 문제가 아니다. 반도체는 한국 수출 1위 품목이었기 때문이다. 반도체 수출이 급감했지만 한국은 반도체를 대체할 수출 품목을 찾지 못했다. 정부가 차세대 산업으로 키워온 바이오 의약품의 수출액은 여전히 반도체의 5분의 1에도 미치지 못했다. 게다가 기존 주력 수출품이었던 자동차, 선박 등의 수출량도 2020년대에 들어 크게 급감하면서 국가 무역수지 적자가 점점 심각해지는 상황이다. 수출에 어려움을 겪는 기업들은 한 푼이라도 생산단가를 낮추기 위해 해외로 공장을 계속 이전했고, 이는 관련 산업 생태계를 무너뜨리며 대한민국 제조업 전체의 '공동화' 현상을 불러왔다.

10년 뒤를 가정하고 써본 신문기사다. 비관적인 시나리오를 전제로 했지만 허무맹랑한 얘기도 아니다. 적지 않은 전문가들이 실제로 우려하는 바이고, 현장에서 취재한 내용을 근거로 작성한 글이다. 반도체 산업이 무너졌을 때 한국 경제에 무슨 일이 생길 수 있는지 간접적으로나마 보여주기 위해서 써본 글이다.

반도체는 어렵다. 소비자들의 눈에 보이지도 않고 직접 살 일도 없다. 용어도 어렵고 기능을 기억하기는 더더욱 어렵다. 많은 사람들이 반도체에 대해 막연한 개념만 갖고 있을 뿐 정확히 어떤 제품인지, 우리 경제에서 얼마나 중요한지는 알지 못한다. 신문 지상에서 스마트폰 기사는 넘쳐나지만 반도체 기사는 찾아보기 힘들다. 하지만 반도체는 '산업의 쌀'이자 대한민국 경제의 허리다. 현재 대한민국 제조업에서 반도체 만한 위상을 갖고 있는 산업은 없다. 삼성전자가 지금과 같은 일류 기업이 된 것도 기실 스마트폰이 아닌 메모리반도체 덕이었다.

한국 반도체는 1992년 일본을 누르고 세계 1위에 올라선 뒤 한 번도 선두를 내주지 않았다. 오히려 PC에만 쓰이던 메모리반도체가 스마트폰은 물론 데이터저장용 서버에도 쓰이면서 매출은 계속 늘어났고, 40%에 육박하는 영업이익률을 누리고 있는 게 현재의 상황이다. 한국은 한해 600억 달러(약 68조 원)가 넘는 반도체를 수출하고 있다. 2위인 자동차보다 200억 달러(약 22조 5000억 원) 이상 많은 압도적인 수출 1위 품목이다.

앞으로는 더 좋아진다. 사물인터넷IoT 시대가 도래하기 때문이다. IoT 시대에는 수많은 기기들이 서로 연결되고, 클라우드에도 연결된다. 이렇게 연결된 기기들은 문자, 사진, 동영상은 물론 가상현실VR 영상 등 엄청난 양의 데이터를 서로 주고받거나 클라우드에 올리게 된다. 이 데이터는 최종적으로 데이터저장용 서버에 저장된다. 이 서버는 낸드플래시를 기반으로 한 솔리드스테이트드라이브SSD로 만들어진다. SSD는 쉽게 말해 우리가 많이 쓰고 있는 하드디스크드라이브HDD가 진화한 형태라고 보면 된다. HDD보다 더 빠르게 데이터를 읽어 들이고 출력할 수 있다. 데이터센터용 서버에 들어가는 SSD는 특히 3D 낸드로 많이 만든다. 때문에 업계 전문가들은 3D 낸드 수요 증가에 힘입어 앞으로 메모리시장이 빠른 속도로 성장할 것으로 내다보고 있다.

시장이 이렇게 흘러갈 경우 한국 업체들은 새로운 전성기를 맞는다. 워낙 3D 낸드 기술력이 다른 나라보다 앞서 있기 때문이다. 세계 1위 삼성전자의 3D 낸드 기술력은 마이크론테크놀로지, 도시바Toshiba 등 해외 경쟁사보다 최소 3~4년은 앞서 있다는 게 업계의 평가다. SK하이닉스도 '2위권'에선 가장 앞서 있다고 평가받는다. 잘 보호하고 키워낸다면 한국을 오래 먹여살릴 산업이 바로 메모리 반도체다.

그런데 그 시장에 중국이 뛰어들었다. 그것도 매우 절박한 모습이다. 천천히 산업을 육성하겠다는 자세가 아니라 10년 내에 한국과 미국이 주도하는 반도체시장의 판을 뒤집겠다는 각오다. 이를 위해 중국 정부는 자국 반도체 기업들에 엄청난 자금을 제공한다. 한국의 우수 반도체 인력에게는 '기존 연봉의 10배'라는 달콤한 유혹을 던지기도 한다.

중국이 절박한 이유는 크게 두 가지다. 첫째, 반도체를 너무 많이 수입하기 때문이다. 샤오미Xiaomi, 화웨이를 시작으로 한 오포, 비보 등 중국산 스마트폰 열풍은 이제 일반인들에게도 익숙한 주제다. 이런 제품들에는 모두 반도체가 들어간다. 하지만 자체 생산 능력이 없는 중국은 그간 반도체를 전량 수입해왔다. 그 금액이 매해 약 300조 원에 이른다. 석유보다 반도체를 많이 수입할 정도다. 반도체야말로 중국이 '자급자족'해야 할 필수 품목인 것이다.

둘째, 일자리 창출과 경제성장률을 유지하기 위해서다. 중국은 그간 저임금을 바탕으로 글로벌 제조업체들의 '조립공장' 역할을 하며 경제를 성장시켜왔다. 그 과정에서 중국 국민들은 일자리를 얻었고 소득 수준도 높아졌다. 그러나 소득 수준이 어느 정도 올라오면서 더 이상 저임금 노동집약형 산업만으로는 나라를 이끌기 어려워졌다. 저임금 제조업은 베트남 같은 곳으로 옮겨갔다. 중국 정부는 저부가가치 산업이 외국으로 옮겨가면서 없어진 일자리들을 새로운 산업으로 메우면서 평균 소득 수준도 올려야 하는 난제에 봉착해 있다. 중국에서 경제 성장이 멈추고 일자리가 생기지 않으면 국민들의 분노는 정부를 향하고, 이는 중국 공산당 일당독재에 대한 위협이 된다. '고소득 일자리'를 만들지 못하면 중국 공산당 체제가 붕괴될 수 있다는 의미다. 높은 임금을 주면서 사람들을 많이 채용할 수 있는 건 첨단제조업밖에 없다. 중국이 반도체 산업 육성에 사활을 걸고 있는 이유다.

한국은 어떨까. '메모리반도체는 확고한 세계 1위'라는 자만 속에 관심과 지원은 점점 줄어들고 있다. 서울대학교에서는 반도체 전공교수가 없어서 다른 제품 전공자가 반도체연구소장을 맡는 실정이다. 정부의 반도체 연구개발(정보통신진흥기금) 예산은 2013년 728억 원에서 2014년 599억 원, 2015년 561억 원에 이어 2016년엔 356억 원으로 감소했다. 연구과제가 줄자 교수와 학생들이 반도체 대신 다른 분야로 눈을 돌리고 있는 것이다. 정부는 10년 뒤, 50년 뒤를 내다보는 정책을 짜기는커녕 1~2년마다 반도체 담당 공무원을 계속 바꾸고 있다.

반도체도 어렵고 중국도 어렵다. 일반인들이 쉽게 접근하지 않는 분야다. 하지만 알아야 한다. 우리 경제의 가장 중요한 축이 심각한 위협을 받고 있는 상황이기 때문이다. 우리의 관심이 꺾이고 중국의 도전이 거세지면 서두에 적은 '시나리오'가 현실화되지 말란 법이 없다. 또한 반도체는 현재 중국 경제를 쉽게 이해할 수 있는 키워드이기도 하다. 중국 경제 성장률 둔화에 대한 중국 정부의 대응, 이에 따른 한국 기업에 대한 견제, 언론에서 자주 언급되는 '중국제조 2025' 등 중국 경제 관련 이슈의 중심에는 반도체가 있다. 우리가 중국 반도체에 관심을 가져야 하는 이유다.

한국 반도체는
어떻게 성장했나

2

한국 메모리반도체는 사실상 세계를 지배하고 있다. 2016년 4분기 기준 한국 반도체 업체인 삼성전자와 SK하이닉스의 D램 시장점유율은 각각 45.1%, 25.9%이다. 두 회사를 합칠 경우 71%에 달하며 세계시장을 과점하고 있다. 낸드플래시 역시 한국 업체들의 점유율이 돋보인다. 삼성전자와 SK하이닉스의 낸드플래시 시장점유율은 2016년 4분기 기준으로 각각 43.8%, 12.1%에 이른다. 특히 삼성전자는 3D 낸드시장에서 독주하면서 낸드플래시 시장지배력을 더욱 강화하고 있다.

이렇듯 세계 메모리반도체시장을 지배하고 있는 한국 반도체 산업의 역사는 선진국에 비해 길지 않다. 그러나 어느 나라의 발전사보다 극적이고 빠르게 발전했다.

D램 업체별 시장점유율 동향(4Q16 기준)

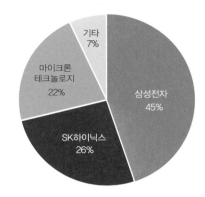

자료: IDC

낸드플래시 업체별 시장점유율 동향(4Q16 기준)

자료: IDC

한국 반도체 산업의 역사는 지금부터 52년 전인 1965년으로 거슬러 올라간다. 1965년 12월 3일 미국 업체 코미Komy가 7만 6,000달러(약 9000만 원)를 투자해 트랜지스터와 다이오드를 조립생산하는 고미전자산업을 한국에 설립했다. 이 회사가 한국 반도체 산업의 출발점이다.

1966년 8월 3일 정부가 외국인 투자에 대해 소득세, 법인세, 재산세, 취득세 부과를 5년 동안 면제하는 내용을 골자로 '외자도입법'을 제정하면서 해외 기업들의 한국 투자가 늘어나기 시작했다. 한국에서 반도체 산업이 태동하기 시작한 것도 이때부터다. 미국의 페어차일드Fairchild는 1966년 214만 5,000달러(약 25억 원)를 직접 투자해 트랜지스터와 다이오드 조립생산공장을 설립했다. 미국의 시그네틱스Signetics 역시 167만 9,000달러(약 20억 원)를 투자해 '시그네틱스코리아'를 설립, 반도체를 조립하기 시작했다. 1967년에는 미국 모토로라Motorola, IBM, 컨트롤데이터Control Data가 한국에 투자했다.

한국 자본이 반도체 산업에 투자를 시작한 건 1968년이다. 그해 3월 아남산업(현 암코테크놀로지코리아)이 국내 최초로 반도체 조립 산업을 시작했다. 1970년 금성사는 미국 내셔널세미컨덕터National Semiconductor와 기술 제공 계약을 체결하고 단독출자해 '금성전자'를 설립했다.

한국 반도체 산업의 본격적인 시작은 1970년대 중반 이후로 봐야 한다. 1974년 1월 통신장비를 전문적으로 수입해오던 KEMCO와 미국 현지법인 ICII('한국 반도체의 아버지'로 불리는 강기동 박사가 미국 실리콘밸리에 설립한 법인)가 합작해 '한국반도체주식회사(한국반도체)'를 설립했다. 전자시계용 반도체를 생산한 한국반도체는 조립에 그치던 한국 반도체 산업이 선진국형 고부가가치를 창출하는 쪽으로 사업영역을 확대하는 중요한 전환점이 됐다. 하지만 당시 세계 경제의 위기를 몰고 온 오일쇼크로 한국반도체는 1974년 12월 공장 설립 과정에서 파산 직전에 몰리게 된다. 이때 등장한 것이 삼성전자다.

이건희 당시 동양방송 이사(현 삼성 회장)가 KEMCO가 보유하고 있는 한국반도체의 지분 50%를 인수하면서 삼성전자의 반도체 사업이 시작됐다. 당시 이건희 회장은 회사 이사회와 아버지 이병철 회장이 반도체 산업 진출을 '시기상조'라며 반대하자, 사재를 들여 한국반도체 지분을 인수하며 강한 의지를 드러내기도 했다.

이건희 회장은 부가가치가 높은 첨단산업에 진출해야 한국 경제가 대외 변수에 흔들리지 않고 장기적으로 발전할 수 있다는 확신을 가지고 지분 인수를 결정했다. 1977년 12월 30일 ICII가 보유하고 있던 한국반도체 잔여 지분 50%를 인수했고, 1978년 3월 2일엔 '삼성반도체'로 상호를 변경했다.

1978년부터 1984년까지 6년간은 한국 반도체 산업의 역사에서 가장 중요한 시기로 평가된다. 경쟁사인 '금성반도체'도 1984년부터 마이크로프로세서를 생산하기 시작했다. 현대그룹도 반도체에 대한 대규모 투자를 결정하고 1983년 초 '현대전자'를 설립, 반도체 집적회로IC를 생산하기 시작했다. 본격적인 한국 반도체의 성장은 이때부터다.

1980년 1월 삼성전자는 경험 부족으로 상당한 어려움을 겪고 있던 삼성반도체를 흡수해 반도체 사업부로 개편한다. 당시 이병철 삼성 회장은 삼성반도체의 부진을 경험 부족이라고 진단하고, 평소 친하게 지내던 고바야시 고지小林宏治 일본 NEC 회장에게 삼성반도체의 문제점을 지적해달라고 부탁했다. 부천공장을 샅샅이 둘러보고 돌아간 NEC는 삼성반도체로의 기술 이전을 거절한다. 만만치 않은 경쟁자로 성장할 수 있음을 직감한 것이다. 심한 배신감을 느낀 이병철 회장은 이를 계기로 '자력 생산'을 결정한다. 결국 이 거절이 역설적으로 삼성전자가 반도체 사업을 본격적으로 확대하는 원동력으로 작용하게 된 것이다.

이병철 당시 회장과 이건희 부회장은 반도체 사업을 제대로 키워보겠다는 목표로 1982년 1월 반도체연구소를 설립했다. 같은 해 선진 기술을 도입하기 위해 미국으로 산업 시찰을 떠나 IBM, GE, HP 등 미국 주요 업체들의 반도체 생산라인을 둘러보고 대규모집적회로VLSI 사업을 염두에 둔 반도체 신규 사업 계획을 세운다. 이병철 회장은 반도체 사업을 컴퓨터, 통신 사업과 통합할 경우 사업 간 시너지를 내며 빨리 키울 수 있다는 판단 아래, 1982년 10월 삼성전자 반도체 사업부를 삼성그룹의 전자식교환기 생산업체인 한국전자통신KTC이 인수하게 한다. 그해 12월 27일엔 사명을 '삼성반도체통신주식회사'로 변경했다.

1983년 2월 8일은 삼성은 물론 한국 반도체 산업에 있어 역사적

이건희 회장이 1974년 12월에
인수한 '한국반도체' 공장 전경
자료: 삼성전자

64K D램 개발 생산 기념식에서
연설하는 삼성전자 고故 이병철
회장
자료: 삼성전자

인 날이다. 이병철 회장이 일본 도쿄 오쿠라 호텔에서 삼성의 고부
가가치 반도체 자체 생산 계획을 알린 유명한 '2·8 도쿄선언'을 발
표한다. 당시 한국 반도체 산업은 반제품을 들여와 가공조립하는
수준이었고, 삼성전자도 가전제품용 고밀도집적회로LSI를 간신히
만드는 단계였기 때문에 이 회장의 이 같은 발표는 상당히 무모한
도전으로 평가받았다. 당시 일본 미쓰비시연구소는 ① 삼성전자의
빈약한 기술력 ② 작은 회사 규모 ③ 한국의 작은 내수시장 ④ 빈약
한 전후방 산업 ⑤ 부족한 사회간접자본 등 다섯 가지 이유를 들어
삼성전자의 반도체 사업은 실패할 것이라고 예측하기도 했다.

하지만 삼성은 한발 더 나아가 1983년 3월 15일 그룹 차원에서 반도체 사업에 전폭적으로 투자할 것이라고 발표했다. 구체적인 품목으로는 시장수요가 많은 메모리반도체 중에서, 경쟁 업체가 많은 단점은 있지만, 표준제품이라 대량생산이 가능하고 칩 구조가 비교적 간단한 D램이 가장 적합하다고 판단했다. 삼성전자는 1983년 5월 64K D램 개발을 시작했으며, 6월 미국 마이크론과 64K D램 기술 이전 계약을 체결했다. 그러나 마이크론의 기술 이전 수준은 삼성의 기대에 미치지 못했고, 기술 연수 과정에서 산업스파이 취급을 받는 수모를 겪기도 했다.

이에 삼성전자는 '100% 자력 생산'을 선언하고 기술 개발에 더욱 박차를 가하기 시작한다. 이후 1년도 지나지 않은 1983년 말, 64K D램 양산에 처음으로 성공한다. 삼성전자의 64K D램 개발 성공은 세계 정상에 있던 미국과 일본 업체들과의 기술 격차를 10년 이상에서 4년 정도로 단축시킨, 한국 반도체 역사에서 기적 같은 사건이었다.

64K D램 개발에 성공한 삼성전자는 1984년 3월 256K D램 개발에 나선다. 256K D램은 당시 생산되고 있던 반도체 제품 중 최고의 집적도를 가진 제품으로 일본의 NEC와 후지쯔Fujitsu, 미국의 인텔 등 몇 개 업체만 생산하고 있었다. 그럼에도 삼성전자는 설계 착수 7개월 만인 1984년 10월 양산에 성공한다.

1987년 11월 19일 창업주 이병철 회장이 타계하면서 삼성은 다

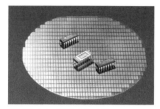

삼성전자가 개발한 64K D램
자료: 삼성전자

1987년 8월 기흥 3라인 착공식의 이병철 회장과 이건희
부회장
자료: 삼성전자

시 한 번 커다란 변화를 맞이한다. 이건희 회장은 1988년 11월 1일 삼성반도체통신을 삼성전자로 흡수한 뒤 '제2의 창업'을 선언한다. 이후 삼성전자는 1992년 64M D램을 세계 최초로 개발하여 메모리반도체 강국인 일본을 처음으로 추월하고 선두 업체로 도약한다. 뒤이어 1994년 8월 29일 256M D램, 1996년 1Gb D램을 세계 최초로 연달아 개발하면서 D램시장을 완전히 주도하기 시작한다.

삼성전자가 D램 산업을 시작한 1983년에 세계시장에서 삼성전자의 존재감은 미약했다. 1985년 삼성전자 반도체 매출액은 9500만 달러로 세계시장점유율 42위에 지나지 않은 반면, 당시 세계 1위였던 일본 NEC 매출액은 삼성전자보다 20배가 더 많은 19억 8000만 달러에 달했다(시장조사기관 가트너Gartner). 그러나 20년 만에 세계 메모리반도체시장은 완전히 뒤바뀐다. 2000년대 이후 삼성전자는 메모리반도체시장에서 세계 1위를 한 번도 내주지 않고 있다. 시스템반도체를 포함한 전체 반도체시장에서도 2002년 이후 인텔에 이어 2위 자리를 지키고 있다. 현재 세계 반도체시장 10위

　　　　　　　　　　　　　　　／ CHAPTER 1

세계 반도체업체별 매출액 순위(2015년 기준)

	회사명	국가	매출액(US$M)
1	인텔	미국	50,305
2	삼성전자	한국	41,606
3	TSMC	대만	26,562
4	SK하이닉스	한국	16,917
5	퀄컴	미국	15,632
6	마이크론테크놀로지	미국	14,816
7	TI	미국	12,112
8	도시바	일본	9,734
9	브로드컴	미국	8,421
10	아바고	싱가폴	6,961

자료: IC Insights

내에 이름을 올린 일본 업체는 도시바 하나뿐이다. 20년 만에 천
지개벽이 일어난 셈이다.

　메모리반도체 사업 진출 10년 만에 세계 정상에 올라선 삼성전
자는 이후 단 한 차례도 추월을 허용하지 않는 '신화'를 이어가고
있다. 2000년대에는 D램뿐 아니라 낸드플래시에서도 세계를 깜짝
놀라게 하는 성과를 거둔다. 세계 최초로 '8Gb 낸드플래시'를 개발
하여 애플Apple과 제조 계약을 맺어 2005년 신형 '아이팟 나노'에 탑
재한다. 이 제품이 공전의 히트를 기록하면서 삼성전자 역시 새로
운 성장 국면으로 진입한다. 이후 낸드플래시는 스마트폰과 SSD에
탑재되면서 폭발적으로 수요가 증가했고 삼성전자 역시 무서운 속
도로 성장했다.

　삼성전자는 2014년에 세계 최초로 3D 낸드플래시인 'V낸드'

개발에 성공하며 또 한 번의 기적을 이뤄낸다. V낸드는 메모리반도체 역사상 최고의 기술 혁신으로 평가받을 정도로 놀라운 기술이다. 더 적은 공간에 더 많은 양의 데이터를 저장하기 위해 셀을 수직으로 쌓는 방식이다. 셀을 옆으로 붙여서 집적도를 높이던 방식을 바꿔 아래위로 쌓기 시작한 것이다.

삼성전자의 V낸드는 낸드플래시 기술 패러다임을 완전히 바꾸면서 세계 메모리반도체시장에 일대 변화를 가져오고 있다. 삼성전자는 3D 낸드시장에서 해외 경쟁 업체 대비 3년 이상의 기술 격차를 벌리며 현재 세계시장을 사실상 독점하고 있다. 빅데이터를 기반으로 한 '4차 산업혁명' 시대에는 수많은 IT 기기들이 엄청난 양의 데이터를 주고받고 저장해야 한다. 이에 따라 3D 낸드시장이 급격한 속도로 성장할 것으로 전망되고, 삼성전자 역시 큰 수혜를 입을 것이라는 게 전문가들의 예상이다.

삼성전자와 함께 한국 반도체 산업을 이끌고 있는 양대 축 중 하

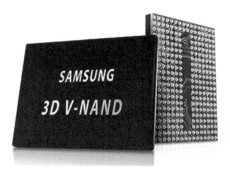

세계 최초로 개발된 삼성전자의 3D V낸드
자료: 삼성전자

1982년 IBM을 방문한 고故 정주영 회장　　　1980년대 이천 현대전자 본사 전경
자료: 전자신문

나가 SK하이닉스다. SK하이닉스의 전신인 현대전자의 반도체 사업 시작은 삼성전자가 반도체 사업 진출을 위해 시장조사를 하던 1981년으로 거슬러 올라간다. 고故 정주영 현대그룹 회장이 반도체 사업에 관심을 가지게 된 것은 마쓰시타 고노스케松下幸之助 마쓰시타 전기 회장의 권유 때문인 것으로 알려져 있다.

현대그룹은 1983년 1월 1일 현대중공업 산하에 전자사업팀을 설치하고, 2월 23일에 '현대전자산업주식회사'를 만든다. 이후 1983년 10월 경기도 이천에 첫 반도체 공장을 짓기 시작한다.

현대전자는 세계적인 반도체 업체들이 포진하고 있는 D램보다 CPU의 캐시(임시)메모리로 쓰이는 S램을 특화하겠다는 전략을 세우고 사업에 진출했다. 하지만 설계와 생산이 D램보다 어려운 S램을 자체 기술만 가지고 개발하는 데 실패했고, 결국 D램으로 방향을 튼다. 현대전자는 1985년 6월과 12월 두 차례에 걸쳐 바이텔릭vitelic

1985년 12월 국내 최초로 시험생산 성공한
현대전자의 10K 램
자료: 전자신문

2006년 우시공장 준공
자료: SK하이닉스

사와 기술 도입 계약을 체결하고 16K S램, 64K D램, 256K D램,
1M D램 제조 기술을 도입한다. 1985년 10월 256K D램 시험생산
에 성공했으며, 12월에는 최초의 반도체 제품인 16K S램을 출시한
다. 1986년 5월 8일에는 각고의 노력 끝에 256K D램 양산에 성공
한다. 이후 1988년 1Mb D램, 1989년 4Mb D램을 개발하며 세계
적인 반도체 업체로 성장하는 초석을 다졌다.

그러던 현대전자는1997년 한국이 외환위기를 맞이하면서 성장
의 전환점을 맞는다. 정부는 1988년 1월 반도체, 철강, 자동차 등을
과잉투자 산업으로 지정하고 업체 간 합병을 통해 이를 해결하겠다
고 밝힌다. 1997년 각각 1835억 원, 2897억 원의 순손실을 기록한
현대전자와 LG반도체는 빅딜의 운명을 겪는다. 1998년 4월 22일
현대그룹은 LG반도체 주식 59.98%를 2조 5600억 원에 매입하는
계약을 체결한다. 그해 7월 LG반도체는 상호를 '현대반도체'로 변
경하고, 10월에 현대전자와 현대반도체는 합병을 진행한다.

빅딜을 통해 성장할 것으로 기대되었던 현대전자는 과도한 인수대금과 2000년 IT 버블 붕괴에 따른 실적 악화 등으로 어려움을 겪게 되고, 2001년 3월 '하이닉스반도체'로 이름을 바꾸는 것을 골자로 한 구조조정을 단행한다. 2001년 8월엔 현대그룹에서 완전 계열 분리되어 워크아웃에 들어가고, 실적이 계속 악화되면서 미국 마이크론에 매각되는 것이 논의되기도 한다. 하지만 임직원들의 뼈를 깎는 노력을 통한 원가 개선과 IT 수요 회복 등을 기반으로 2003년부터 흑자 전환에 성공해 완전히 회생한다.

하이닉스반도체는 2005년 경기도 이천에 신규 공장(M10)을 짓고 첨단 12인치 웨이퍼(반도체의 원재료인 실리콘 기판)를 활용한 메모리반도체 양산에 돌입했으며, 2006년 중국 우시공장을 준공하면서 글로벌 생산 체제를 구축한다. 유동성 위기로 채권단 공동관리에 들어간 지 10년 만인 2011년 11월 하이닉스반도체는 SK텔레콤에 인수되면서 2012년 'SK하이닉스'로 재탄생한다.

2012년 2월 당시 세계 4위 메모리반도체 업체였던 일본 엘피다Elpida가 경쟁을 이기지 못하고 파산하는 사건이 일어난다. 이는 SK하이닉스에 엄청난 기회가 됐다. 경쟁 업체 하나가 줄면서 D램 공급 증가는 제한적이었는데, 스마트폰 시대가 갑자기 열리면서 수요가 폭증했기 때문이다. 이에 힘입어 2015년에는 매출액 18조 7980억 원, 영업이익 5조 3361억 원이라는 사상 최대 실적을 달성한다. 그리고 2015년 8월에는 경기도 이천에 신공장(M14)을 준공하고 향

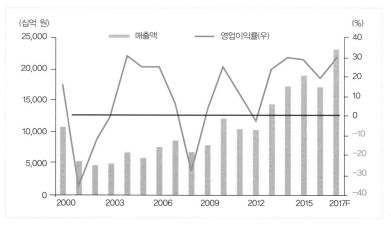

SK하이닉스의 실적 전망

(십억 원)

25,000

20,000

15,000

10,000

5,000

0

매출액 　영업이익률(우)

(%)

40

30

20

10

0

−10

−20

−30

−40

2000　2003　2006　2009　2012　2015　2017F

자료: SK하이닉스, 유진투자증권

후 10년간 46조 원 투자 계획을 발표하면서 중장기 성장에 대한 비전까지 제시한다.

2016년은 한국에서 반도체 산업이 시작된 지 50년이 되는 해다. 1977년 2억 9800만 달러에 불과했던 한국 반도체 수출액이 2015년엔 629억 3900만 달러로 뛰었다. 30년 만에 무려 211배 성장하면서 한국 수출 1위 품목을 차지하고 있다. 한국뿐 아니라 세계 산업 역사에서도 흔치 않은 기적 같은 성장이다.

한국 반도체 산업이 단기간에 세계 최고 수준으로 성장할 수 있었던 요인은 크게 세 가지로 요약된다. 첫째 이병철, 이건희, 정주영 등 경영자들의 과감한 의사결정과 투자다. 반도체는 세계 경기변동에 따라 수요가 들쭉날쭉한다. 기술 장벽이 높아 신생업체가

한국 반도체 월별 수출액 추이

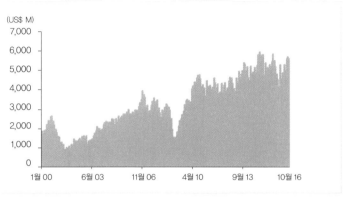

자료: 통계청

시장에 진입하기도 쉽지 않다. 하지만 이병철 회장 등은 과감한 투자와 기술 개발로 후발주자인 한국 반도체 산업을 짧은 시간 내에 세계 선두권에 올려놨다는 평가를 받는다.

둘째, 한국인의 근면성과 인내심을 꼽을 수 있다. 막연한 이유 같지만 실제로 업계 전문가들이 꼽는 반도체 산업 성장의 중요 요소다. 기술적 난관에 수없이 봉착했고, SK하이닉스의 경우에는 몇 차례나 부도 위기를 겪었지만 업계 종사자들이 합심해 집념과 끈기로 이를 해결해서 세계 최고의 회사 중 하나로 키워냈다.

셋째, 정부의 적극적인 지원이 한국 반도체 산업 태동기에 중요한 역할을 했다. 국가 차원에서 금융 및 세제 지원을 통해 기업들의 투자를 유도하고, 미국과 일본의 사례를 연구해 적극적인 자금 지원을 한 것이 주효했던 것으로 분석된다.

중국은 왜
반도체 산업에 뛰어드나

사물인터넷 시대,
폭발적으로 커지는 반도체시장

—
1
—

2007년 이후 스마트폰시장의 폭발적 성장에서 시작된 IT 산업 성장이 2014년부터 모든 IT 기기들이 연결되는 IoT 시대로 도약하고 있다. IoT 시대는 모든 기기 간 연결과 네트워킹을 통해 삶의 질을 향상시키는 것이 골자다. 이 과정에서 반도체 수요가 급증하고 있고 이에 따라 반도체 업체들이 대규모 투자를 지속하고 있다. 중국 정부가 2014년부터 반도체시장에 적극적인 관심을 가질 수밖에 없는 것은 이 같은 산업의 패러다임 변화 속에서 반도체 수요가 폭발적으로 성장하기 때문이다.

현재 IT 업체들이 주목하고 있는 신규 산업은 ①자율주행 기반의 전기차 ②바이오/헬스케어 산업 ③스마트홈 ④인공지능 ⑤로봇 등이다. 이들은 선진국을 중심으로 빠르게 성장하고 있는 4차

향후 세계 산업 성장을 주도할 선진 산업(Advanced Industry)

자료: 유진투자증권

산업혁명의 핵심적 산업군이다. 이 산업군들이 향후 20~30년간 세계 산업의 성장을 주도할 것으로 예상된다.

4차 산업혁명은 크게 세 가지의 변화를 담고 있다. 첫째, 일본이나 미국 등 선진국의 고령화다. 인구 고령화에 맞춰 사용자의 편리성을 극대화하고 건강과 삶의 질을 향상시키는 산업이 부각되고 있다.

둘째, 18세기 중반 산업혁명 이후 지구는 심각한 환경오염에 시달리고 있다. 따라서 대다수 산업의 구조가 석유에 대한 의존도를 낮추는 방향으로 발전하고 있다.

세 번째가 핵심적인 내용이다. 4차 산업혁명은 현재 주력 산업의 생산성을 다시 한 번 높일 것이다. 1980년대 PC, 1990년대 인터넷,

2007년 이후 모바일과 스마트폰 시대를 거치면서 부각되고 있는 것이 축적된 데이터들, 속칭 '빅데이터'다. 이 빅데이터를 활용해 기존 산업에 산재해 있는 비효율성을 제거하고 생산성을 높이는 것이 4차 산업혁명의 핵심이다. 예를 들면 이렇다. 앞으로 도요타, 폭스바겐Volkswagen, 현대자동차 같은 주요 자동차 회사들이 생산하는 자동차의 수가 지금보다 두 배, 세 배로 늘어나진 않을 것이다. 하지만 반드시 사람이 직접 차를 운전해야 하는 '비효율'을 제거하기 위해 자율주행차가 기존의 차를 빠르게 대체할 것이다.

정보 습득도 마찬가지다. 예를 들어 지금은 해외여행을 가려면 기껏해야 인터넷에서 해당 지역의 정보나 동영상을 찾아보는 수준

1980년대 이후 IT 산업을 성장시키고 있는 핵심동인(key-driver)

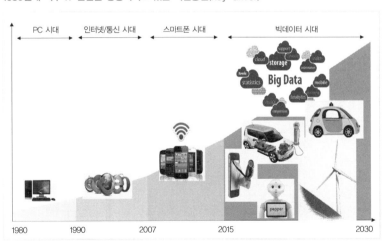

자료: 유진투자증권

이지만 가상현실이 발달하면 VR 기기를 통해 마치 여행지에 직접 가본 것 같은 경험을 할 수 있다.

이처럼 '비효율 제거'를 가능하게 해주는 핵심 기술이 바로 반도체다. 비효율 제거는 빅데이터, 즉 엄청난 양의 데이터 유통에서 출발한다. 자율주행차의 예를 들어보자. 현재 자동차가 다른 기기와 주고받아야 하는 정보는 길을 찾기 위한 위치 정보 정도다. 하지만 자율주행차 시대가 되면 달라진다. 차가 스스로 보면서 주변 지형과 도로에 대한 데이터를 받아들이고 저장하며, 이를 위성과 서버에 보내 길을 찾아야 한다. 이전보다 차가 주고받아야 하는 데이터가 압도적으로 많아진다.

VR도 마찬가지다. 지금은 인터넷에 사진 정도만 올리면 되지만 앞으로는 VR용 3차원 영상을 올려야 한다. 올려야 하는 정보의 양이 급증하는 것이다. IoT도 다르지 않다. 지금은 인터넷과 연결된 기기는 PC와 스마트폰 정도다. 하지만 앞으로는 냉장고나 세탁기도 인터넷에 연결된다. 심지어 이미 인터넷에 연결된 벨트나 옷, 신발도 나왔다. 말 그대로 모든 사물이 인터넷에 연결되는 세상이다.

이 같은 과정에서 점점 수요가 늘어나는 것이 반도체다. 다른 기기와 통신하기 위해서는 통신반도체가 필요하고, 데이터를 저장하기 위해서는 메모리반도체가 필요하다. 때문에 4차 산업혁명 시대에는 반도체 수요가 급증할 것이라고 전문가들은 예측한다.

반도체 업체들은 이 같은 변화의 흐름 속에서 주도권을 잡기 위해 최근 '합종 연횡'을 하고 있다. 2016년 10월 27일 모바일용 반도체 세계 1위 업체인 미국의 퀄컴Qualcomm은 세계 최대 차량용 반도체 업체인 NXP반도체를 470억 달러(56조 4000억 원)에 인수하기로 합의하고 미국 정부의 승인을 기다리고 했다. 반도체 산업 역사상 최대 규모의 인수합병M&A이다. 퀄컴은 스마트폰에 탑재되는 AP(애플리케이션프로세서) 분야 세계 1위 업체다. NXP반도체는 차량용 반도체시장의 세계 1위 업체이고, 자동차 보안용 반도체를 주로 생산하고 있다. 퀄컴의 NXP반도체 인수는 향후 반도체시장의 핵심적 트렌드가 모바일에서 자동차로 넘어가고 있음을 의미한다. 모바일과 자동차반도체를 합쳐 자율주행차에 적합한 반도체를 만들겠다는 포석이다.

2016년 7월 18일에는 일본의 소프트뱅크Softbank가 영국의 반도체 설계회사 ARM을 인수한다고 발표하여 전 세계 반도체 업체들을 또 한 번 긴장시켰다. 인수 금액은 234억 파운드(약 34조 원)로 반도체 업체들 간 M&A 역사상 세 번째로 큰 규모다. ARM은 모바일용 저전력반도체 설계 업체로 다수의 반도체 특허를 보유한 세계 최고 수준의 회사다. IoT 시대에는 저전력반도체 기술이 매우 중요하다. 사물들이 서로 통신하려면 계속 전력을 사용해야 하는데, 기기에 들어가는 배터리 용량을 무한정 늘릴 수는 없기 때문이다. 현재의 기술 동향을 고려해보면 같은 크기로 지금보다 훨씬 큰 용량을 담을 수 있는 혁신적인 배터리가 나타날 가능성은 높지 않다. 이 때문

NXP를 470억 달러에 인수한 퀄컴 본사
자료: 퀄컴

반도체 설계회사 ARM을 인수한 소프트뱅크의
손정의 회장(왼쪽)
자료: 소프트뱅크

에 저전력반도체 기술 발전을 통한 모바일반도체 개발이 현실적으로 크게 주목받고 있다. 소프트뱅크가 거액을 들여 ARM을 인수한 것은 이 같은 이유에서다.

퀄컴의 NXP반도체 인수와 소프트뱅크의 ARM 인수와 같은 반도체 업체들의 대형 M&A는 2015년부터 급증하기 시작했다. 이 같은 움직임은 IT 산업 성장의 축이 변하고 있는 것에 기인한다. 반도체시장이 PC와 스마트폰 중심에서 벗어나 IoT, 빅데이터, 웨어러블 디바이스Wearable Device, 자율주행차 등으로 확대되면서 필요한 기술이 과거와 달라지고 있다. 이에 따라 대형 반도체업체들이 적극적으로 M&A에 나서고 있는 것이다.

IoT 시대가 본격화되고, AI 플랫폼 기반의 새로운 서비스들이 본격적으로 등장하는 2020년 이후에는 반도체시장이 2015년 대비 2배 이상 성장할 것으로 예상된다.

주요 반도체업체의 M&A 동향

날짜	인수자	피인수자	거래규모(US$M)
2016년 10월	퀄컴	NXP반도체	47,000
2015년 5월	아바고테크놀로지	브로드컴	36,698
2016년 9월	소프트뱅크	ARM	32,000
2015년 10월	웨스턴디지털	샌디스크	19,000
2015년 6월	인텔	Altera	18,221
2015년 3월	NXP반도체	프리스케일반도체	17,297
2015년 10월	램리서치	KLA-텐코	10,600
2013년 12월	아바고테크놀로지	LSI	6,600
2011년 4월	TI	내셔널세미컨덕터	6,500
2011년 5월	어플라이드머티리얼즈	배리안세미컨덕터	4,900

자료: 블룸버그(Bloomberg)

    IoT 시대의 핵심인 모든 사물 간 연결이라는 측면에서 볼 때 일차적으로는 통신과 센서반도체시장이 크게 성장할 것으로 전망된다. 반도체시장 조사기관인 SEMI는 IoT반도체와 센서시장이 2015년 276억 달러(약 31조 1600억 원)에서 2020년에는 531억 달러(약 59조 9400억 원), 2025년에는 1142억 달러(약 128조 9300억 원)로 커질 것으로 전망하고 있다.

    하지만 궁극적으로 가장 큰 성장을 기록할 것으로 전망되는 부분은 한국이 장악하고 있는 메모리반도체 쪽이다. IoT 기기, 자율주행차, VR 등은 모두 방대한 양의 데이터를 주고받는다. 이들 데이터는 클라우드, 즉 대용량의 데이터저장소를 통해서 오고 가게 된다. 즉 지금보다 훨씬 많은 기기들이 훨씬 많은 정보들을 주고받게 되는데, 이 데이터들이 모두 클라우드에 저장되는 것이다. 클라

사물인터넷 반도체시장 전망

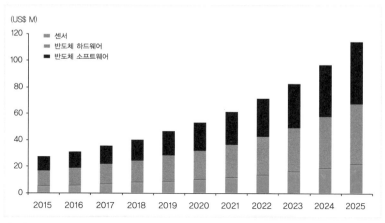

자료: SEMI

우드는 데이터저장용 서버로 구성되는데, 이 서버는 다름 아닌 데이터를 저장하는 반도체인 메모리반도체로 만들어진다. 때문에 전문가들은 향후 메모리반도체는 엄청난 호황을 맞을 것으로 전망하고 있다. 시장조사 업체 가트너는 2020년까지 단기적으로만 봐도 최소 600억 달러(약 67조 7400억 원) 이상의 시장이 새로 열릴 것으로 전망하고 있다.

그렇다면 이 메모리반도체는 누가 만드는가. 바로 삼성전자와 SK하이닉스다. 앞서 설명한 대로 두 회사는 사실상 메모리반도체 시장을 과점하고 있다. 특히 삼성전자는 독보적인 3D 낸드 기술로 데이터저장용 서버시장에서 압도적인 우위를 자랑하고 있다. 즉 이대로만 가면 한국 반도체 업계의 미래는 매우 밝다.

문제는 이 같은 한국 업체들의 독주를 경쟁사들이 그냥 보고 있지 않는다는 점이다. 일단 세계 1위 인텔이 시장을 떠난 지 29년 만에 메모리반도체시장에 복귀해 중국 다롄에 공장을 짓고 있다. 그러나 현재 한국 입장에서 인텔보다 더 무서운 건 중국이다. 중국은 반도체, 특히 메모리반도체 산업 육성에 국가적 노력을 쏟고 있다. 중국이 당면하고 있는 국내외 상황을 보면 중국이 왜 메모리반도체 개발에 사활을 걸고 있는지 이해할 수 있다.

변신이 절박한
중국 경제

—
2
—

기자는 중국에 두 번 머문 적이 있다. 첫 방문은 2004년이었다. 당시 시안에 살았는데 한 중국 대학생과 마오쩌둥毛澤東에 대해 얘기를 나눌 기회가 있었다. 그 학생에게 "마오쩌둥이 중화인민공화국을 건국한 업적은 평가받을 만하지만, 문화대혁명을 촉발시켜 1000만 명에 이르는 사망자를 낸 건 문제 아니냐"고 물었다. 나름 합리적인 수준의 질문으로 생각했지만 그 학생은 버럭 화를 냈다. '마오 주석'을 무시하지 말라는 것이었다. 그 학생의 중화에 대한 자부심은 대단했다. 당시 시안은 한창 개발이 시작될 때였지만 소득 수준은 형편없었다. '그렇게 자부심을 가질 만한 모국인가'라는 의문이 들었지만 더 이상 대화해봐야 소용이 없을 것 같아 대화를 그만둔 기억이 있다.

12년 뒤인 2016년에는 베이징에 수개월 머물렀다. 이번에도 한 20대 청년과 마오쩌둥에 대해 이야기를 나눴다. 그 학생의 태도는 12년 전 시안 때와는 정반대였다. 이 학생은 "차라리 1940년대에 국민당이 정권을 잡는 게 나았을 것"이라며 "마오쩌둥은 자아도취에 빠진 일종의 정신병자"라고까지 표현했다. 시진핑習近平 현 주석에 대해서도 "그가 한 게 뭐 있냐"며 비판적 태도를 취했다. 한국 젊은이들이 정치인들을 욕하는 것과 크게 다르지 않았다. 2016년의 베이징은 2004년의 시안보다 몇 십 배는 더 잘사는 도시였지만, 모국에 대한 자부심은 그때보다 한참 떨어져 있었다. 한 개인의 의견만은 아니었다. 베이징에서 만난 여러 젊은이들도 비슷한 의견이었다.

왜일까. 2004년 가난했던 시안의 대학생은 왜 모국에 대한 자부심이 가득했고, 어엿한 국제도시가 된 2016년 베이징의 대학생은 자국을 비판적으로 바라보게 됐을까. 여러 원인이 있겠지만 미래에 대한 기대감이 다르다는 게 가장 큰 요인이라고 기자는 생각한다. 2004년의 중국은 무서운 속도로 발전하고 있었다. 수많은 국민들이 빈곤에서 벗어났다. '크기만 할 뿐 가난한 국가'에서 세계의 주목을 한눈에 받는 고속 성장 국가로 바뀌어갈 때였다. 물론 일자리도 많았다. 수많은 글로벌 기업들이 중국에 투자를 쏟아부을 때였다. 젊은이들은 희망에 차 있었다. "할 수 있다"라는 자부심이 강했다.

지금은 다르다. 그때보다 훨씬 먹고살 만하지만 미래에 대한 불안감이 젊은이들을 사로잡고 있다. "열심히 일해도 부자가 될 수 없다"는 의식이 팽배해 있다. 그 와중에 젊은이들은 체제의 모순을 보기 시작했다. 왜 우리는 페이스북도 못 쓰고 구글도 못 쓰는가. 왜 우리는 자금성에 들어갈 때마다 비인격적인 몸수색을 당해야 하는가. 중국의 수많은 유학생, 글로벌 기업들의 주재원들과 어울려 사는 중국인들은 이미 세계가 어떻게 돌아가는지, 속칭 '중국식 사회주의'의 모순이 뭔지 분명히 파악하기 시작했다. 권력에 대한 불만 수위는 이미 위험한 수준이다.

이 같은 분위기를 좀 더 거시 경제적으로 풀어서 설명해보자. 중국의 성장률은 계속 떨어지고 있다. 고속 성장을 하고 장밋빛 미래를 내다보던 과거와는 다르다. 12년 전의 시안과 지금의 베이징이 다른 결정적 이유 중 하나다.

중국의 분기별 경제성장률(전년 동기대비)　　　　　　　　　　　　　(단위: %)

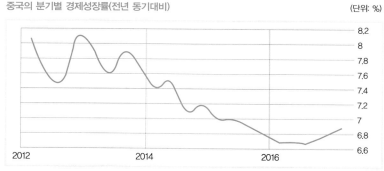

자료: 중국국가통계국

단순히 성장률만 떨어지고 있는 것도 아니다. 국가 산업구조조정에 대한 필요성도 점점 커지고 있다. 중국이 산업구조조정을 해야 하는 이유는 크게 세 가지로 나누어볼 수 있다.

첫째, 정부 돈을 쏟아부어서 비정상적으로 방만하게 키운 '군살'을 도려내야 한다. 둘째, 더 이상 노동집약적 산업으로 국가 경제를 지탱하기 힘들어지면서 이를 첨단 산업으로 전환하는 작업을 해야 한다. 마지막으로 셋째, 미국 등 선진국들도 중국에 구조조정을 하라고 압박하고 있다. 중국 국유 기업들이 정부 지원을 받아 비대해지면서 시장수요보다 많은 제품을 생산하고, 이로 인해 국제시장 가격이 떨어지자 미국 등 경쟁 기업들이 "중국이 산업구조조정을 통해 생산량을 조절해야 한다"고 주장하고 있는 것이다. 과거와 달리 세계무역기구WTO에 속해 있는 중국은 국제 여론을 무시하고 막무가내로 국내 정책을 운용할 수 없다. 결과적으로 중국은 현재 여러모로 산업구조조정을 미루기 힘든 처지다. 여기서 구조조정이란 다름 아닌, 돈을 벌지 못하고 적자만 늘어나는 이른바 '좀비 기업'의 문을 닫고 해당 근로자를 해고하는 조치다.

각각의 이유를 자세히 살펴보자. 일단 정부에 의해 방만해진 측면이다. 중국은 사회주의 국가다. 시장경제적인 측면도 상당히 도입했지만 여전히 경제의 많은 부분을 정부가 통제하고 있다. 이 같은 방식은 자원 배분의 효율성에서 시장경제 국가보다 떨어질 수밖에 없다. 정부가 '전략 산업 육성'이라는 명목하에 돈을 제공해주고, 기업들은 이 돈을 받아 규모만 키울 뿐 경쟁력 제고에는 힘을 쏟지 않는 식이다.

이 과정에서 부정부패도 발생한다. 중국의 디스플레이 업체 BOE가 대표적이다. 이 회사는 10년 넘게 적자를 이어오는 것으로 알려져 있으나 정부의 계속적인 자금 지원으로 여전히 '성업' 중이다. 시장경제체제였으면 진작 망했을 기업이지만 정부의 지원으로 계속 살아남은 것이다. 이 같은 방식은 특정 산업을 빠르게 키워내는 데는 효과적이지만 결과적으로 각종 부작용을 양산한다. 그중의 하나가 '과잉생산'이다. 시장수요가 줄어들면 생산량도 줄여야 하는데 정부가 보조금을 지원해주니 팔리지 않아도 물건을 계속 생산하는 것이다. 물론 시장수요에 따라 정부가 보조금을 줄이려고 하지만, 긴밀한 정경유착이 정부의 탄력적 예산 운용을 방해한다. 이 같은 상황이 중국 국내는 물론이고 결과적으로 세계시장에서 공급 초과 현상을 야기한 것이다.

전문가들은 1978년 개혁개방 이후 산업화가 진행되면서 중국에서 생산능력 과잉 현상이 반복적으로 발생했다고 설명한다. 최근엔 중국 정부도 앞서 설명한 세 가지 이유 때문에 "더는 그냥 둘 수 없다"며 일부 업종에 칼을 들이대기 시작했다. 대표적인 것이 석탄, 철강, 시멘트, 조선, 전해알루미늄, 평판유리 등 6개 산업이다.

단순히 방만해진 것만이 이들 산업의 문제가 아니다. 철강의 경우 미국 등 주요 수출대상국의 보호무역 조치로 수출길이 상당히

스모그가 가득한 베이징 시내의 모습

막혀 있다. 크기는 커졌는데 물건을 팔 곳은 없으니 상황이 점점 악화될 수밖에 없다. 또 중국 정부가 강력한 환경보호 정책을 쓰면서 해당 산업들의 입자가 점점 좁아지고 있다. 베이징을 비롯한 중국 주요 대도시의 공기, 수질오염은 이미 한계 상황이다.

앞서 설명한 대로 중국이 구조조정을 추진해야 할 이유는 충분하다. 문제는 후폭풍이다. LG경제연구원의 분석에 따르면(〈중국의 2차 산업구조조정, 과잉·부실 규모보다는 추진 여건이 문제〉, LG경제연구원 이철영 연구위원 작성 보고서) 구조조정이 실행될 경우 석탄과 철강 두 산업 부분에서만 180만 명의 실업자가 발생한다. 이들의 고용 조정은 협력업체, 공장 주변 식당가 등 연관 산업의 실업도 유발한다. 이를 더하면 총 300만 명 이상의 실업이 발생한다. 나머지 4개 산업은 석탄과 철강에 비해 규모는 작지만, 모두 합하면 500만 명 이상의 실업이 발생할 수 있다는 분석도 나온다.

단순히 실업만 문제는 아니다. 2015년 말 기준 과잉 6개 산업의 총부채는 10조 위안(약 1629조 원)에 달한다. 엄청난 금액이다. 이 중 은행 대출만 4조 9000억 위안이다. 원화로 하면 802조 원이 넘는 돈이 은행에 묶여 있다는 얘기다. 이 돈이 모두 부실채권이 된다고 상상해보라. 구조조정이 시행되면 중국의 금융권도 적지 않은 타격을 입을 수밖에 없다는 얘기다. 물론 이 피해의 일부는 정부가 부담해줄 수 있다. 중국은 화폐를 찍어낼 수도, 유통을 통제할 수도 있기 때문이다. 하지만 그렇다고 피해를 100% 막을 순 없다. 은행 등 금융기관들이 손실을 입으면 이곳에 돈을 맡긴 민간인들도 결국 피해를 본다.

다시 베이징의 불만 많은 청년으로 돌아가보자. 이 청년은 지방 도시에서 올라와 베이징에 '불법체류' 하고 있다. (중국에는 '후커우(戶口, 호적)'라는 일종의 도시별 주민등록 제도가 있다. 각 도시별로 복지 혜택 등이 다르다. 대학도 각 지역 대학교로 가는 것이 유리하다. 결과적으로 지방도시에서 베이징이나 상하이 같은 대도시로 후커우를 옮기는 것은 사실상 불가능에 가깝다.) 당연히 제대로 된 집에 살 수도 없고 제대로 된 직장을 갖기도 어렵다. 물론 고향에 있으면 상황이 더 좋지 않으므로 베이징에 올 수 밖에 없었다.

기자가 만난 청년은 학원 강사로 생활하고 있었다. 정식 채용은 아니고 일종의 비정규직이다. 후커우 때문에 보험 혜택 등도 제대로 받지 못한다. (후커우를 받아도 중국의 의료시설은 베이징 같은 대도시라 할지라도 대부분 형편없다. 갈 만한 곳들은 일반인이 감당하기 힘들 만큼 비싸다.) 하지만 1800년대 미국의 '포티나이너스(49ers, 1849년 골드러시 때 캘리포니아로 몰려든 사람들을 일컫는 말)'처럼 성공의 기회를 잡기 위해 베이징으로 온다.

앞에서 언급했듯 베이징은 정치체제와는 상관없이 국제도시다. 수많은 외국인들이 머물고 있다. 중국인들은 그들을 만나며 중국의 체제 모순에 대해 점점 더 깊이 고민한다. 그 와중에 경제성장률은 계속 낮아진다. 예전에는 베이징에 오면 아르바이트를 하더라도 적지 않은 돈을 만질 수 있었지만 상황이 점점 안 좋아진다. 빈부격차도 심각하다. 부모 세대까지는 국가가 집을 줬다. 그 집은 자본주의와 거품이 이상하게 결합된 중국 부동산시장에서 엄청난 가치의 자산이 됐다. (베이징의 집값은 서울보다 비싸다.) 그런데 지우링허우(90後, 1990년대 이후 출생한 중국 젊은이를 일컫는 말)는 그런 혜택을 전혀 받지 못했다. 이들은 죽도록 일해도 베이징에 집 한 채 마련하기가 어렵다. 그런데 국가가 주요 산업들을 구조조정한다고 한다. 안 그래도 없던 일자리가 더 많이 사라진다. 게다가 열심히 일해서 벌어 은행에 맡겨둔 돈이 은행의 부도로 순식간에 사라진다. 분노만 남는다. 그 분노는 중국 정부로 쏠릴 수밖에 없다.

이미 중국은 '중진국'이다. 먹고사는 문제는 어느 정도 해결돼

완다그룹 총수 아들의 사치. 개에게 아이패드와 아이워치 등을 잔뜩 사주고 이를 SNS에 과시한다.

있다. 사회나 정치체제의 모순에 국민들이 눈뜨기 시작할 때다. 그간 공산당 1당 독재라는 모순 속에 억눌려 있던 13억 인민의 분노가 한번 터지기 시작하면 걷잡을 수 없다. 이 같은 중국의 분위기를 중국 내부 전문가의 입을 빌려 정리해보자. 중국 내에서 시장경제 확대를 주창하는 이른바 '광둥모델'을 만든 샤오빈肖濱 중국 중산대 교수의 설명이다.

"마오쩌둥 이후 중국 인민의 생활수준은 바닥까지 떨어졌다. 이후 경제 발전이 빠르게 진행됐다. 줄곧 속도가 유지되다가 최근 느려지기 시작했다. 그러면서 실업문제가 크게 부상하고 있다. 지난 30년간은 돈을 먼저 벌자는 주장이 먹혔다. 빈부격차 이런 문제를 뒤로 돌릴 수 있었다. 하지만 지금은 그런 주장이 안 먹힌다. 빈부격차는 계속 심해지고 있다. 계층별뿐 아니라 지역별로도 크다. 쓰촨성이나 서부 쪽은 동부 해안과 괴리감이 크다. 모든 나라가 양극화를 겪지만 중국은 특히 심하다. 그러면서 계층은 점점 고착화되고 있다. 위로 올라갈 수가 없다. 푸얼다이(富二代, 재벌 2세), 관얼다이(官二代, 고위 공무원 2세) 등이 생겨난다. 희망이 없다. 아무리 노력해도 좋은 아버지가 있는 것만 못하다. 지속적인 경제 발전만이 이런 문제를 해결할 수 있다. 동부성 정부가 서부성 정부를 지원하는 등 임시방편을 쓰고 있지만 리스크가 있다. 변방 도시들은 부글부글 끓고 있다. 그렇다고 중국이 평균적으로 잘사는 것도 아니다. 여전히 서민의 소득수준은 낮다."

이번엔 중국 정부의 입장에서 살펴보자. 중국은 경제 발전을 위해 여러 카드를 고민하고 있다. 대표적인 게 내수 증대다. 중국 인구가 14억에 가깝기 때문에 내수시장을 키워 경제를 발전시킬 수 있다는 얘기다. 하지만 내수도 그냥 발전시킬 수 있는 게 아니다.

중국의 내수 경제 확대의 핵심은 '도시화'다. 농촌에서 자급자족하는 농민들을 도시의 임금근로자로 만들어 이들이 돈을 쓰게 해 내수 경제를 키우자는 것이다. 이를 위한 대전제는 일단 인구가 도시로 모여야 한다. 중국은 현재 도시화율(전체 인구 중 도시에 사는 비율)을 60% 가까이로 끌어올린 상태다. 1차 목표는 달성한 셈이다. 하지만 단순히 인구가 도시에 모인다고 되는 건 아니다. 도시로 온 사람들은 일단 일자리가 있어야 한다. 그리고 자신의 임금으로 기본적인 생계를 꾸리고도 돈이 남아서 여분의 소비를 해야 한다. 그래야 내수 경제가 커진다.

임금이 매우 높다면 걱정이 없다. 하지만 기업이 마냥 높은 임금을 주긴 힘들다. 그렇다면 국가가 사회보장을 통해 기본적인 것들을 해결해줘야 한다. 그래야 번 돈이 시장에 풀린다. 그러나 문제는 여기서 발생한다. 중국 도시에서 사회복지제도의 혜택을 받는 사람은 35% 정도에 그친다. 나머지 사람들은 주거, 의료, 교육 등을 알아서 해결해야 한다. 이 경우 소비가 촉진될 수 없다.

일차적인 문제 해결 방안은 중국 정부가 재정 지출을 늘리는 것이다. 하지만 지방 정부의 경우 재정 상태가 매우 열악하다. 그래서 지방 정부는 국유 기업을 세워줬다. 국유 기업에 땅과 각종 특혜를 주면서 사업을 시키고 거기서 나오는 돈으로 세수를 메웠다. 하지만 이 같은 투자는 앞에서 언급한 과잉투자 문제를 불러왔다. 근본적인 고민을 통해 시장에서 필요한 사업을 한 것이 아니라, 단순히 세수 확대를 목적으로 정부가 지원해 사업을 키운 사례가 많았기 때문이다.

그렇다면 산업구조조정에 따른 부작용을 어떻게 극복할 수 있을까. 금융시장 활성화도 하나의 방법이다. 상하이나 선전 지수는 중국 기업의 가치에 비하면 턱없이 저평가돼 있기 때문이다. 하지만 중국 정부가 증권시장을 통제하는 상황에서 글로벌 자금은 중국에 투자하기를 꺼린다. 대부분이 국유 기업인 중국 증시의 상황도 글로벌 투자자들에게 딱히 매력적으로 다가오지도 않는다. 따라서 금융시장 확대는 제한적이다.

이런 상황이다 보니 중국 정부도 궁지에 몰렸다. 선택지는 하나다. 선진국과의 정면 승부다. 이제는 새로운 혁신 사업, 즉 그간 선진국들이 하던 사업을 키우는 수밖에 없다. 그러면서 일자리도 늘려야 한다. 그것이 바로 첨단제조업이다. 첨단제조업만이 체제 붕괴를 막을 수 있는 유일한 방법이다. 중국의 엄청난 인구와 통제 중심 경제 운용은 첨단제조업을 키우기에 유리한 측면이 있다. 갈 길은 분명하다.

그렇다면 무슨 산업을 어떻게 키울 것인가. 중국은 여러 산업을 꼽았고 그중 대표적인 것이 반도체다. 지금부터 그 이유가 무엇인지 살펴보자.

중국이 원유보다
많이 수입하는 반도체

—
3
—

중국이 매해 가장 많이 수입하는 제품이 뭘까. 많은 사람들이 원유를 생각하겠지만 놀랍게도 반도체다. 중국의 연간 반도체 수입액은 2300억 달러(약 258조 원)에 달한다. 한국의 2015년 반도체 수입액(약 380억 달러)의 약 6배다. 중국 정부가 반도체 국산화에 힘을 쏟을 수밖에 없는 이유가 여기에 있다.

중국은 왜 그렇게 많은 반도체를 수입할까. 당연히 그만큼 많은 IT 기기를 만들고 쓰고 있기 때문이다. 그간 중국은 IT 기기 자급화에 힘을 쏟아왔다. 필자가 애널리스트를 본격적으로 시작한 2002년부터 2017년 현재까지, 중국 업체들은 PC, 휴대전화(피처폰), 가전, TV, 스마트폰 등으로 이어지는 글로벌 IT 하드웨어시장에서 지각변동을 일으키며 급성장해왔다. 중국 IT 산업 성장의 역사를 보면, 중국이 왜 이제 반도체시장에 본격적으로 뛰어들려고 하는지 좀 더 쉽게 이해할 수 있다.

2000년대 초중반 가장 기억이 남는 사건 중 하나가 바로 2004년 말 중국의 레노버Lenovo가 세계 최초로 PCPersonal Computer라는 개념을 세상을 알린 IBM의 PC사업부를 17억 5000만 달러(약 2조 원)에 인수한 일이다. 2002년부터 LG전자를 분석하고 있던 필자는, 당시 LG전자와 협력해 '싱크패드'라는 노트북을 만들고 있던 IBM이 PC사업부를 중국 레노버에 매각한 일에 크게 충격받았던 기억이 난다.

1984년 11명의 중국 젊은이들이 정부에서 20만 위안의 재정 지원을 받아 출발한 레노버는 1990년에 내놓은 '레전드' 시리즈로 중국 최대 PC 업체로 성장했다. 2004년 IBM의 PC사업부를 인수할 당시엔 세계 PC시장점유율 2.3%로 9위 업체에 불과했다. 연간 매출액 역시 30억 달러 수준이었다. 하지만 2015년 기준 레노버는 세계시장점유율 20.7%의 1위 업체가 됐다. 매출액은 지난 10년간 약 13배 성장해 390억 달러에 달한다.

PC뿐만이 아니다. TV시장에서도 중국은 그간 눈부신 발전을 해왔다. 2000년대 초반까지만 해도 일본의 소니가 세계 TV시장을 장악하고 있었다. 하지만 지금은 삼성전자와 LG전자가 세계 선두권에 있다. 그 뒤를 이어 빠르게 추격하고 있는 업체가 바로 중국이다. 시장조사업체 IHS에 따르면 2016년 3분기 기준 한국 TV 업체

PC업체별 세계시장점유율 동향

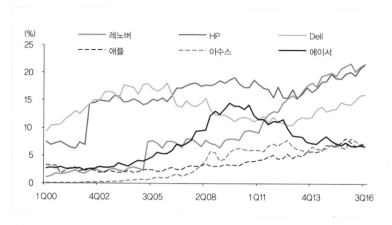

자료: IDC

들의 세계시장점유율은 32.2%이고, 중국 업체들의 세계시장점유율은 31.9%다. 한국과의 격차가 불과 0.3%p에 불과하다.

중국이라는 거대한 내수시장을 기반으로 성장하고 있는 중국 TV 업체 중에서 선두는 TCL과 하이센스Hisense다. 중국 최대 TV 업체인 TCL은 중국에서 두 번째 큰 디스플레이 업체인 CSOT를 자회사로 두고 있다. 삼성디스플레이를 자회사로 두고 있는 삼성전자와 비슷한 구조다.

필자가 중국 업체들의 탐방을 자주 다녔던 2005~2010년까지만 해도 중국 유통매장에서 TCL, 하이센스 등 중국 제품은 한국과 일본 제품에 비해 중저가 이미지였다. 지금은 다르다. 세계적인 전자전시회에 가면 중국 업체들도 한국에 못지않은 최신 제품을 선보이

TV업체별 세계시장점유율 동향

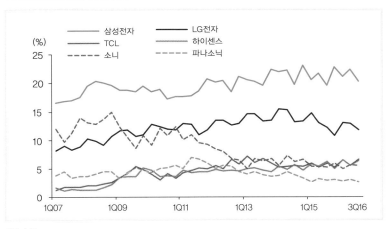

자료: IHS

며 관람객들의 관심을 받는 경우가 많다.

2014년 전 세계 IT 업체에 충격을 준 업체가 탄생한다. 바로 샤오미Xiaomi다. 삼성전자 스마트폰의 위세가 약해지고 있는 상황 속에서 '짝퉁 애플'이라고 불리던 중국의 샤오미는 무서운 속도로 성장하면서 세계 스마트폰시장을 뒤흔들기 시작했다. 샤오미는 뛰어난 가격대비 성능을 자랑하며 단기간에 중국시장에서 점유율을 크게 키웠다.

샤오미의 성공은 가격 때문만은 아니다. 전략도 참신했다. 샤오미는 하드웨어 강자인 삼성전자보다는 소프트웨어 강자인 애플과 아마존을 성공 모델로 삼았다. 스마트폰 판매보다는 콘텐츠 판매에서 매출을 더 많이 올리겠다는 계획이었다. 일단 값싼 스마트폰을

롯데하이마트 매장에서 판매되고 있는 TCL의 LCD-TV
자료: 롯데하이마트

시중에 뿌리고, 이를 통해 콘텐츠를 팔겠다는 것이다. 비용을 획기
적으로 줄인 온라인 마케팅 전략, 강력한 물류시스템 등도 샤오미
의 강점이다.

샤오미는 스마트폰의 성공을 기반으로 LCD-TV부터 보조배터
리, 웨어러블 디바이스, 개인용 이동기기인 나인봇 미니Ninebot mini,
드론 등 모바일 디바이스를 포함한 다양한 IT 제품을 판매하며 세
계시장을 공략하고 있다.

2016년 세계 스마트폰시장에 또 한 번의 중국발 폭풍이 몰아닥
친다. 바로 중국의 떠오르는 스타 '오포'와 '비보'다. '제2의 샤오
미' 정도로만 여겨졌던 오포와 비보는 2016년 1분기부터 중국시장
에서 샤오미를 제치고 2위 및 3위 업체로 도약했고, 2016년 3분기

샤오미의 창업주 레이쥔(雷軍) 회장　　샤오미의 개인용 이동기기 나인봇 미니
자료: 샤오미

에는 드디어 오포와 비보가 화웨이를 제치고 중국시장점유율에서 각각 1위, 2위 업체가 되었다.

세계시장에서도 2016년 1분기를 기점으로 삼성전자, 애플, 화웨이에 이어 각각 글로벌 4위, 5위 업체로 성장했다. 오포와 비보는 둘 다 '부부가오步步高, BBK'의 계열회사다. 두 회사의 점유율을 합산해서 살펴보면 중국시장에서는 2015년 3분기부터 1위를 지키고 있고, 세계시장에서는 2016년 3분기에 애플을 제치고 삼성전자에 이어 2위를 차지하며 눈부신 성장을 지속하고 있다.

BBK는 과거 MP3를 만들던 기업이다. 음악에 강점이 있다. 오포와 비보는 각각 여성층과 남성층을 공략하는 브랜드다. 오포는 카메라 성능을 강조하는 동시에 감성적이고 얇은 디자인에 집중한다. 오포는 초기부터 경쟁 업체들에 비해 높은 화소수인 500만 화소 전면 카메라를 탑재했다. 뷰티샷과 같은 다양한 보정 기능을 제공하며 '셀카'를 즐겨 찍는 여성들의 사랑을 받고 있다.

반면 비보는 메탈의 차가운 느낌과 남성스러운 디자인, 뛰어난 음악 재생 능력을 경쟁력으로 부각시켰다. 비보는 MP3에서 축적된 음감 능력을 바탕으로 이미 수년 전부터 디지털아날로그컨버터DAC를 스마트폰에 탑재하고 있다. 한국 스마트폰 업체들은 최근에야 DAC 기능을 탑재하기 시작했다.

오포와 비보는 참신한 전략으로도 주목받고 있다. 디자인 측면에서는 애플과 삼성전자를 모방하고 있지만, 중저가대 가격에서 최상의 성능을 구현하고 있다. 또 샤오미의 온라인 판매 전략과 달리 오프라인 매장을 중심으로 마케팅을 펼치고 있다. 고급스런 분위기

세계 스마트폰시장에서의 업체별 점유율 동향

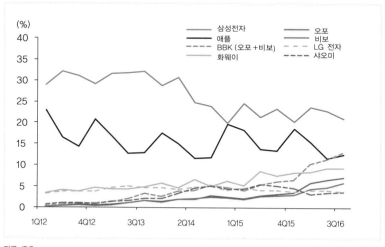

자료: IDC

'오포'의 R9
자료: 오포

'비보'의 엑스플레이5
자료: 비보

의 매장에서 종업원들이 친절하게 성능을 설명해주는 운영 방식은
오포와 비보를 더 신뢰감 있고 그보다 높은 가치의 브랜드로 인식
시키고 있다.

이처럼 중국의 IT 제품 수준은 이제 선진국에 못지않을 정도다.
전략도 뛰어나다. 판매량으로도 삼성과 애플을 위협하고 있다. 훌
륭한 성과를 기록했지만 중국 정부 입장에서는 여기서 새로운 문제
가 발생했다.

너무도 당연한 얘기지만, 스마트폰에는 많은 부품이 들어간다.
그 부품 중에서 가장 많은 비중을 차지하고 가장 비싼 건 무엇일까.
바로 반도체다. 기계적으로 '작은 PC'와 마찬가지인 스마트폰에는
수많은 반도체가 들어간다. 두뇌격인 애플리케이션프로세서AP부터
시작해서 전력반도체PMIC, 카메라에 쓰이는 이미지센서CIS, 데이터
를 저장하는데 쓰이는 D램과 낸드플래시 등등⋯⋯. 주요 기능은 모
두 반도체로 이뤄진다. 비중은 좀 다르지만 PC와 TV도 마찬가지다.

중국은 일본과 한국을 따라잡기 위해 IT 산업을 집중 육성해왔다. 그리고 그 목표를 거의 달성했다. 문제는 부품이다. 외형적으로는 따라잡았는데 안에 들어가는 부품, 그중에서도 제일 비싼 반도체는 대부분 수입에 의존하고 있는 것이다. 연산, 처리를 담당하는 시스템반도체는 그나마 중국이 어느 정도 자급하고 있지만, 한국이 주도하고 있는 메모리반도체는 전혀 손을 못 대고 있다. 반면 삼성전자는 스마트폰시장의 점유율을 중국 업체들에 뺏기고 있지만, 거기에 들어가는 반도체를 중국에 팔며 훨씬 높은 이익률을 구가하고 있다. SK하이닉스도 중국에 반도체를 팔며 엄청난 돈을 벌고 있다. 중국이 메모리반도체시장 진출에 매우 적극적으로 나설 수밖에는 없는 이유다.

'중국제조 2025'를 통해
중국이 노리는 것

4

앞에서 설명한 문제점을 해결하기 위해 중국 정부가 꺼내든 해결책이 바로 '중국제조 2025'다. 먼저 '중국제조 2025'가 무엇인지부터 알아보자.

'중국제조 2025' 요약

▶ 10년 내 미국, 독일 수준의 선진 제조 역량을 갖추겠다는 중국의 국가 핵심 전략

▶ 사물인터넷, 클라우드, 3D 프린팅 등 첨단 IT 총동원

▶ 4대 우위 업종 및 6대 경쟁 업종의 기술 혁신, 품질 제고, 녹색 발전, 구조 개선, 인재 양성 추진

'중국제조 2025'를 한마디로 요약하면 '제조대국大國'에서 '제조강국強國'으로 전환하기 위한 국가 전략이라고 할 수 있다. 리커창李克强 중국 국무원 총리가 2015년 3월 5일 '정부공작보고'에서 본격 추진을 선언했다. 중국 제조업은 '규모는 크지만 역량이 부족하다'는 인식이 반영된 결과다. 실제 2014년 기준 중국 제조업 생산액은 16조 5000억 달러로 세계 전체 생산액의 34%를 차지한다. 미국(6.2조 달러), 일본(2.9조 달러), 독일(2.4조 달러), 한국(2.2조 달러)에 비해 압도적으로 많다. 그러나 대부분이 낮은 인건비를 활용한 조립공정 등 임가공이라 부가가치가 낮다. 또 세계적인 자원 낭비, 환경 파괴의 주범으로 지적받기도 한다.

리 총리는 "사물인터넷 등 기술력을 총동원해 제조 기술과 제품 품질을 제고하고 친환경 산업을 키우자"고 강조했다. 이 같은 문제의식은 속칭 '4차 산업혁명'을 겨냥한 미국의 '재再산업화', 독일의 '인더스트리 4.0' 전략과 유사하다. 다만 중국은 선진국들보다 산업 발전 수준이 떨어지는 만큼 2025년까지 공정자동화, 첨단제조업 등으로 대변되는 3차 산업혁명을 마무리하고 선진국들과 비슷한 시기에 4차 산업혁명에 돌입하겠다는 계획을 세웠다. 다시 말하면 국가 주도의 추진력과 막대한 자본 투자를 통해 3차 산업혁명 완성에 필요한 시간을 단축하겠다는 것이다.

이를 위한 첫 단계로 공급 과잉이 심한 기존 산업들은 M&A를 통해 효율화할 계획이다. 대신 재무 상태가 좋지 않은 기업은 재무 보

미국, 중국, 독일의 제조업 업그레이드 전략

국가	미국	독일	중국
명칭	재산업화(Re-industrialization)	인더스트리 4.0	중국제조 2025
설계 주체	MIT, 코닝 등 산학 연계	프라운호퍼협회, 지멘스 등 공동 설계	공업정보화부 등 정부, 국유 기업 주도
내용	IoT, 빅데이터, 3D 프린팅 등을 활용, 공정자동화를 넘어선 '지능화' 추구		

자료: 삼성경제연구소

조를 해주거나 감가상각을 빨리 해주는 방법으로 채무 부담을 완화해준다. 이렇게 생긴 여유자금은 연구개발에 투자하도록 유도한다.

연구개발을 통해 하는 일은 다름 아닌 신사업 개발이다. 4차 산업혁명에 걸맞는 사업을 개발하도록 한 뒤 우수 사례를 전국적으로 전파한다. 이 작업을 2020년까지 끝낸다. 이후 2025년까지 이 사례에 맞게 전국적으로 산업을 혁신해서 '중국제조 2025' 비전을 달성한다는 계획이다.

좀 더 구체적으로 살펴보자. 중국은 '중국제조 2025'의 추진을 위한 구체적 전략 계획으로 10대 중점 영역 및 23개 세부 분야를 정했다. 국가제조강국 건설전략자문위원회가 주도했다. 이 위원회는 이공계 최고 권위 연구기관인 중국과학원과 공정원의 원사(차관급) 48명으로 구성돼 있다. 23개 세부 영역에 대해 2020년과 2025년까지의 수요량을 예측한 뒤 국산화 및 글로벌화를 위한 목표를 제시하고 있다.

다음에서 보는 바와 같이 반도체가 가장 위에 자리하고 있다. 반

주요 분야의 국산화 및 글로벌화 목표

분야	2020년	2025년
반도체, 모바일	• 14nm 공정 양산 • 설계, 테스트 글로벌 1위 • 모바일 집적회로 35%, 통신장비 75% 국산화 • 모바일 직접회로 15%, 통신장비 35% 글로벌화	• 모바일 집적회로 40%, 통신장비 80% 국산화 • 모바일 집적회로 20%, 통신장비 40% 글로벌화
전기차	• 전기차 무고장 운행거리 2만km 달성 • 전기차 70%, 스마트카 40%, 전장 50% 국산화 달성 • 세계 10위권 전기차 제조 기업 1개, 세계 스마트카 시장점유율 5% 달성	• 전기차 80%, 스마트카 50%, 전장 60% 국산화 달성 • 세계 10위권 전기차 제조 기업 2개, 10위권 전장 기업 1개 육성
바이오, 제약	• WHO 인증약품 수출 기업 100개 육성 • 국제특허만기약품 90% 시밀러 생산 • 독자개발 바이오 신약 3개 이상 선진국시장 등록	• 10대 중점 질병에 대한 신약 개발 • 독자개발 신약 20개 상용화 • 독자개발 신약 5개 이상 FDA, EU 인증 획득
의료기기	• 국내 산업 생산액 6000억 위안 달성 • 중고가 의료기기 50%, 의료기기 핵심 부품 60% 국산화 • 글로벌 의료기기 브랜드 3개 이상	• 국내 산업 생산액 1억 2000억 위안 달성 • 중고가 의료기기 70%, 의료기기 핵심부품 80% 국산화 • 글로벌 의료기기 브랜드 5개 이상

자료: 삼성경제연구소

도체 외에도 23개 세부 영역은 한국 기업의 주력 산업 및 신수종 산업과 상당 부분 중복된다.

중국은 이 산업들을 다시 ①고성장 산업+경쟁우위 ②고성장 산업+경쟁열위 ③저성장 산업+경쟁우위 ④저성장 산업+경쟁열위 등 넷으로 나눴다. 반도체는 네 번째 분류에 속하긴 하지만 워낙 수입의존도가 높은 만큼 집중 육성 산업으로 꼽힌다. 특히 반도체에 대해서는 완제품뿐만 아니라 설계, 제조, 테스트, 패키징 등 생태계 전 분야에 있어서 2030년이 되기 전에 글로벌 선도 수준으로 육성해 수입의존도를 해소하겠다는 목표를 내세우고 있다. 현재 국산화율이 극히 미미하다는 점을 감안하면 '15년 내 생태계 전반에 대한 완전 국산화'는 상당히 공격적인 목표다.

중국 정부는 '중국제조 2025' 로드맵에서 '자주自主'라는 용어를 120회나 언급했다. 그만큼 국산화에 대한 의지가 강하다. 국산화에 있어서 중국의 강점은 사회주의체제와 14억 명에 가까운 인구다. 반도체의 사례를 들어 쉽게 설명하면, 질이 조금 떨어지는 제품이라도 정부의 직간접적인 압박을 통해 완제품에 채용할 수 있다는 얘기다. 그리고 그 반도체를 채용한 스마트폰을 14억 명이라는 거대 '테스트베드Test Bed'를 통해 성능 '실험'을 할 수 있다. 그리고 문제가 있으면 재빨리 성능을 개선하면 된다. "현대 국가에서 어떻게 그런 일이 가능하겠냐"고 반문할 수 있지만, 다음에서 소개할 LCD(액정표시장치), 2차전지 산업을 키우는 중국의 움직임을 보면 충분히 가능하다는 것을 알 수 있을 것이다.

요약하면, 중국은 '중국제조 2025'라는 계획을 통해 일반적인 민주주의 시장경제 국가에서는 쓸 수 없는 방법을 동원해 신산업을 빠르게 육성하고자 한다. 이를 통해 얻으려는 바는 크게 두 가지다. 첫째는 꾸준한 경제 성장과 일자리다. 둘째는 무역수지 흑자 폭 확대를 통한 '돈벌기'다. 반도체는 이 두 마리 토끼를 한 번에 잡을 수 있는 최적의 산업이라는 게 중국의 분석이다.

중국은 왜 무섭나

중국 LCD가 한국을
10년 만에 따라잡은 이야기

1

중국은 이미 부품 수급의 문제점을 파악하고 있었고, 반도체도 예전부터 만들고 싶어 했다. 하지만 반도체는 기술 진입 장벽이 높고, 아무리 돈이 많더라도 쉽게 접근할 수 있는 분야가 아니다.

액정표시장치, 즉 LCD는 공정상 반도체와 비슷하지만 공정의 표준화가 많이 되어 있기 때문에 제조는 훨씬 쉽다. 즉 돈을 들여 제조장비만 사면 어느 정도 만들 수 있다. 중국도 이 점을 파악하고 10년 전 LCD 산업에 뛰어들었다. 그리고 2016년, 그전까지 약 10년간 세계 LCD 산업 1위였던 한국을 사실상 제치며 LCD 산업을 주도하고 있다. 중국이 어떻게 LCD 산업에서 한국을 제쳤는지를 알면 두 나라 간 반도체 전쟁의 미래도 엿볼 수 있다.

2016년 8월 30일 중국의 대표적 가전 업체인 TCL그룹 자회사이

자 중국 2위 디스플레이 업체인 CSOT가 11세대라인 투자를 발표
했다. 11세대는 LCD 사이즈 중 세계 최대 생산라인이다. 2000년대
부터 세계 LCD 산업을 주도하고 있는 한국 업체들은 중국이 세계
최대 사이즈를 생산하기 위해 투자를 시작하는 것에 위기감을 느끼
며 새로운 대응 전략에 고심하기 시작했다.

　업계에서는 산업의 주도권이 사실상 중국으로 넘어간 것으로 인
식하고 있다. 곧이어 2016년 9월 12일 삼성디스플레이가 CSOT의
11세대라인에 21억 위안(약 3410억 원)을 투자하여 지분율 9.8%를
확보하고 기술도 지원하기로 했다. 삼성디스플레이가 11세대라인
투자를 단독으로 하지 않고 중국 업체와 협력하는 방식으로 진행하
는 것은, LCD 산업에서 중국 디스플레이 업체들의 위상을 말해주
는 또 하나의 증거다. 이제 삼성도 독자적으로 LCD를 만드는 것보
다 중국과 협력하고, 중국에서 LCD를 받아오는 편이 낫다고 판단
한 것이다.

　중국에서 LCD 산업에 가장 먼저 진출한 업체는 BOE다. BOE
는 2002년 11월 현대전자에서 분사된 LCD 업체 '하이디스'를 인
수한다. 한국에선 기술 유출 논란이 있었지만 어쨌든 인수는 성사
됐다. 중국 BOE는 하이디스를 통해 확보된 인력과 기술력을 바탕
으로 2005년 1월 5세대라인을 직접 가동하며 중국의 '디스플레이
굴기崛起'를 시작했다.

　BOE는 1993년 4월에 설립됐다. 현재 중국 최대 디스플레이패널

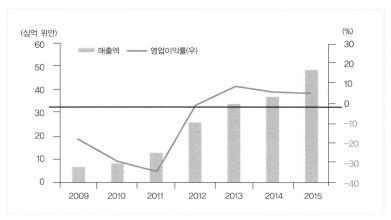

중국 BOE 실적 동향

자료: 블룸버그

업체인 BOE는 ① 패널을 제조하는 디스플레이 사업부와 ② 사물인 터넷과 인공지능을 기반으로 스마트 제조, 자율주행차, 신재생에너 지 등의 사업을 하는 스마트시스템 사업부 ③ 헬스케어서비스 사업 부로 나뉘어 있다.

한국이 일본을 제치고 세계 LCD 업계를 석권한 건 2000년대 중 반부터였다. BOE가 산업에 뛰어들긴 했지만, 중국은 그때까지만 해도 기술이 부족해 쉽사리 대형 투자를 하지 못했다. 2004년 이후 5세대와 7세대, 8세대라인 투자를 주도했던 한국 업체들이 LCD 업 계에서 일본과 대만을 제치고 선두로 올라선다. 시장에서 중국이 치고 올라온 건 2000년대 후반부터다. 2008년 미국 금융위기와 2012년 유럽 재정위기를 겪으면서 일본 샤프Sharp와 재팬디스플레

세계 LCD 중대형 패널시장 국가별 점유율 동향

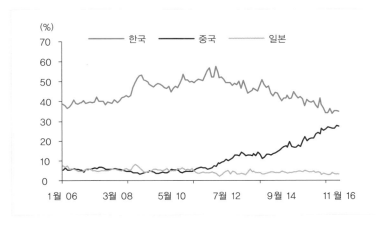

자료: IHS

이Japan Display, 대만 AUO와 이노룩스Innolux가 실적 악화를 겪으면서 투자를 크게 줄였다. 반면 중국 디스플레이 업체들은 정부보조금과 금융권의 적극적인 지원하에 공격적으로 투자에 나서면서 LCD 산업의 주도권을 장악하기 시작한다.

중국 정부는 2012년 '전략적 7대 신성장 산업'을 통해 반도체와 디스플레이 산업을 전략적으로 육성하겠다고 발표했다. 지원 내용 중에는 6세대 이상의 LCD 생산라인 공정과 제조장비 기술, 고화질 유기발광다이오드OLED 등 신형 디스플레이 기술 연구개발 지원 방안 등이 포함됐다. 이를 통해 12차 5개년(2011~2015년)계획이 끝나는 2015년에는 LCD 패널 자급률 목표를 80%로 설정했다. 이 계획을 달성하기 위해 공격적인 투자를 하며 LCD 산업 진출에 적극적으로 나섰다.

2014년 10월에는 중국 국가발전개혁위원회와 공업정보화부가 '2014~2016년 신형 디스플레이 산업 발전 계획'을 발표하고 2016년까지 OLED 같은 최신 공정 기술에 집중 투자한다고 발표했다. 이 계획에서 중국은 2016년까지 디스플레이 면적 기준 출하량 세계 2위, 세계점유율 20% 이상, 산업 총규모 3000억 위안(약 49조 1500억 원) 이상 등 구체적인 목표까지 제시했다. 이 계획은 달성됐다.

2013년 이후 세계 LCD 업계는 BOE의 8세대 신규라인 가동 등 중국 업체들의 공격적인 투자로 공급 과잉에 대한 우려가 커졌다. 중국 업체들이 시장수요를 생각하지 않고 정부 지원에 힘입어 무작정 공급을 늘린 탓이었다. 그러다 보니 다른 국가 업체들은 추가 투자가 상당히 어려워졌다. 2011년과 2012년 중국 패널 업체들의 투자 비중은 각각 37%, 44%였지만 2013년, 2014년, 2015년에는 각각 53%, 89%, 50%에 달했다.

세계시장에서 차지하는 비중도 점점 커지고 있다. 2015년 디스플레이 업체들의 지역별 생산량 기준으로 중국은 대만을 넘어섰고, 2016년에는 한국을 턱밑까지 추격했다. 그리고 2017년에는 중국이 세계 1위 LCD 패널 생산국가가 될 전망이다.

2018년 초 가동을 목표로 하는 중국 BOE의 10.5세대와 2019년 본격 가동될 CSOT의 11세대라인은 아직 한국도 해보지 못한 대형 공장이다. 한국은 여전히 8세대에 머물면서 추가 투자 여부를 고심하고 있다.

국가별 LCD 투자 금액 비중 전망

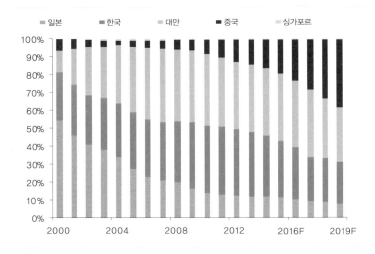

자료: IHS

국가별 LCD 공급량 전망

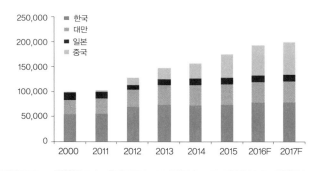

자료: IHS

중국이 디스플레이 산업 주도권을 장악하고 있다는 것은, 중국 BOE와 한국의 LG디스플레이, 대만의 AUO, 이노룩스의 주가 동향과 회사 가치Valuation를 비교해보면 확실하게 확인된다. 세계 5위 디스플레이 업체인 중국 BOE의 시가총액은 세계 1위 업체인 한국 LG디스플레이 대비 1.5배 수준이다. PER(주가수익비율), PBR(주당 순자산가치) 등 주식가치를 평가하는 지표를 봐도 한국과 대만 업체 대비 압도적으로 높은 평가를 받고 있다. BOE가 중국 업체라는 점을 고려해도 경쟁 업체 대비 높은 가치를 인정받고 있는 것은, 바로 중국이 LCD 산업뿐만 아니라 차세대 디스플레이시장에서도 확실히 주도권을 잡을 것이라는 기대감이 반영되어 있다는 증거로 해석할 수 있다.

LCD-TV시장의 성장성은 크게 약화되고 있다. 세계적으로 경제성장률이 느려지고 있는 데다, 집에서 TV를 보는 사람도 점점 줄고 있기 때문이다. 그런데도 왜 중국의 디스플레이 업체들은 10.5세대 및 11세대라인과 같은 초대형 LCD라인에 천문학적인 돈을 투자할까.

첫째, 중국 시진핑 중국 국가주석이 2013년 9월에 발표한 '일대일로一帶一路 정책'을 통해 자국 디스플레이 산업의 30년 미래 성장동력을 이미 준비하고 있는 것으로 판단된다. 미래의 성장 지역인 인도와 중동, 동유럽, 아프리카 지역을 연결하는 일대일로 정책은 전 세계 인구의 63%가 거주하고 있는 64개국에 향후 10년간 1조 5000

중국의 일대일로 정책

자료: 연합뉴스

억 달러(약 1679조 원)를 투자해 정치적, 경제적으로 강력한 협력체를 구성하고자 하는 것이다. 거대한 국가자본을 바탕으로 한 중국 정부의 대장정은 향후 디스플레이 산업을 포함한 중국 IT 산업이 확실히 세계시장을 지배할 수 있는 중요한 원동력이 될 것이다. 다시 말하면, 앞으로 10~20년간 디스플레이를 팔 시장을 지금부터 닦아 놓고 있다는 얘기다. 아직까지 인도, 아프리카 등 신흥시장에서는 LCD-TV시장 성장이 가능하다.

둘째, 중국 디스플레이 업체들은 국내외 TV세트 업체들을 인수하면서 브랜드 인지도를 높이고 원가경쟁력을 확대하여 미국과 유럽시장 진출을 준비하고 있다.

구조가 조금 복잡하지만 옆의 도표는 대만 혼하이그룹Hon Hai을 중심으로 한 일련의 투자와 M&A 과정은 중화권 업체들 간의 협력

범중화권 IT 업체들의 합종연횡

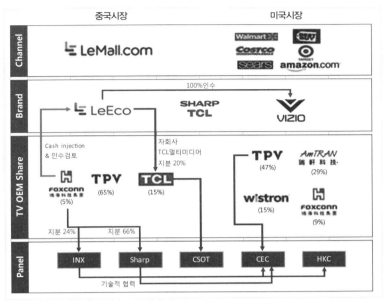

자료: IHS, 유진투자증권

그리고 완전히 포위당한 한국 업계의 난감한 현실을 잘 보여준다.

대만의 혼하이그룹은 OEM(주문자상표부착생산) 업체인 팍스콘 Foxconn을 앞세워 최근 일본의 샤프와 대만 이노룩스를 인수했다. 2013년 4월엔 TV나 스마트폰뿐만 아니라 영화제작 등 콘텐츠 사업까지 하는 종합 IT 업체인 러에코LeEco에 1억 2000만 위안(약 195억 원)을 투자했다. 그리고 러에코는 2016년 7월 미국시장점유율 2위 TV 업체인 대만 비지오Vizio를 20억 달러(2조 2390억 원)에 인수했다. 그 직전인 2015년 12월 러에코는 중국 TV 업체 TCL의 자회사 TCL

멀티미디어에 18억 위안(약 2923억 원)을 투자하며 지분율 20.1%를 확보해 2대 주주가 됐다. TCL은 주지하다시피 중국 디스플레이 시장점유율 2위 업체인 CSOT를 소유하고 있다. CSOT는 앞서 언급한 대로 2016년 8월에 2019년 가동을 목표로 11세대라인 투자를 발표했다.

이처럼 지금 중국의 IT 업체들은 패널, TV 제조 업체, 브랜드, 유통채널까지 합종연횡을 통해 강력한 산업적 밸류체인을 구축하고 있다. 중국 업체들이 인수한 TV 업체인 비지오와 샤프를 앞세워 미국과 유럽시장 공략까지 준비하고 있는 것이다.

중국은 이 같은 준비를 통해 조만간 도래하게 될 세계적 TV 교체사이클에서, 현재 TV와 디스플레이 모두 세계 1위인 한국을 추월하려 하고 있다. 현재 TV는 40인치대가 주력이지만 수년 내 50인치, 60인치대로 주력이 바뀔 것이다. 이때 한번에 한국을 따라잡겠다는 얘기다. 이를 위해 10.5세대, 11세대와 같은 초대형 LCD에 공격적인 투자를 하고 있는 것이다. 이미 중국시장 대부분을 중국 업체에 빼앗긴 삼성전자와 LG전자 입장에서 이 같은 중화권 업체들의 공격은 큰 위기가 될 수 있다. 또 한국 최대 산업인 전자 산업의 위기는 한국 경제 전체의 위기가 될 수도 있다.

셋째, 중국이 투자하고 있는 BOE의 10.5세대라인과 CSOT의 11세대라인은 한국이 주도하고 있는 8세대라인과 비교할 때 원가경쟁력에서 크게 앞선다. 더 큰 '판'을 한 번에 찍어내는 만큼 가격도

싸진다는 얘기다. 특히 50인치 이상 대형 TV를 만들 때는 한국보다 원가 경쟁력에서 20% 이상 앞설 수 있다는 분석도 나온다.

중국의 '디스플레이 굴기'는 LCD에서만 끝나지 않는다. 2014년부터 중국 디스플레이 업체들은 차세대 디스플레이로 부각되고 있는 OLED 투자에 박차를 가하고 있다. 우선 현재 이 분야 세계 1, 2위인 삼성디스플레이와 LG디스플레이와의 기술 격차를 좁히기 위해 4.5세대와 5.5세대에 공격적으로 투자하고 있다. 2016년에는 휘거나 구부릴 수 있는 플렉서블 OLED 투자까지 시작했다.

물론 중국 디스플레이 업체들이 OLED시장에서 본격적으로 주도권을 잡기에는 상당한 시간이 소요될 것으로 전망된다. OLED 기술은 LCD보다 훨씬 어렵고 한국과 중국 간 기술 격차도 크기 때문이다. 하지만 시장에서 OLED 수요가 빠르게 늘고 있는 데다, LCD에서도 시장의 예상을 훨씬 뛰어넘는 속도로 한국을 따라잡은 중국이 OLED에 집중할 경우 수년 내 한국 업체들이 위기에 직면할 가능성도 절대 배제할 수는 없다.

LCD-TV와 PC 수요의 부진 속에서 믿었던 스마트폰 및 태블릿 PC시장마저 빠른 속도로 둔화되고 있는 와중에 중국 디스플레이 업체들이 중국 정부의 적극적인 지원하에 LCD라인에 공격적으로 투자하면서 한국 디스플레이 업체들은 난감한 상황에 직면해 있다.

삼성디스플레이는 최근, LCD 쪽은 중국과 협력하는 것으로 방향을 틀었다. 사실상 사업을 접은 것이나 마찬가지다. 반면 기술 경쟁력을 바탕으로 시장을 주도하고 있는 OLED 산업에서는 진입장벽을 높여 상당 기간 시장지배력을 확대하는 전략을 구사하고 있다. LCD에서 중국과 투자 경쟁을 하면서 OLED까지 투자하기는 '실탄'이 부족하기 때문에 OLED에 집중하는 전략을 택한 것이다.

LG디스플레이는 차세대 디스플레이시장을 선점하기 위해 대형 OLED시장에 가장 먼저 진출하며 시장을 개척하고 있다. 하지만 기존 '캐시카우Cash Cow'인 LCD 쪽에서 중국이 점점 LG의 점유율을 뺏고 있는 데다, OLED시장에서는 TV에 쓰이는 대형시장보다는 스마트폰에 쓰이는 소형시장이 더 빠르게 커지면서 역시 난감한 위치가 됐다. LG도 최근 LCD보다는 OLED에 집중하는 쪽으로 방향을 전환하고 있다.

이렇듯 중국은 산업 진출 10년 만에 LCD시장을 사실상 장악했다. 한국 디스플레이 업체들은 중국 업체의 공격적 투자에 대응해 방어적인 전략을 펼칠 수밖에 없는 상황에 처했다. 필자는 지난 10년간 중국 LCD 산업의 성장 과정을 지켜보면서, 중국 업체들이 반도체시장에도 성공적으로 안착할 수 있을 것이라는 나름의 결론을 내렸다. 그것도 시장에서 생각하는 것보다 훨씬 빠른 시간 내에 말이다.

무서운 자금력,
끊임없는 정부 지원

2

제조업이 빠르게 성장하기 위한 중요 요소는 '돈'이다. 제조업은 장치 산업이기 때문에 초기 투자가 많이 들어간다.

제조업체에 대한 중국 정부의 자금 지원 능력은 무한대에 가깝다. 중국 《증권일보》 시장연구중심에 따르면(2016년 기준) 상하이와 선전시장에 상장한 전체 회사의 93%인 2,752개가 중국 정부에서 보조금을 받았다. 이 가운데 188개 상장사의 경우 보조금이 순이익의 50%를 넘었다. 이들 기업이 보조금을 안 받았다면 순이익이 실제 발표된 수치의 절반에도 못 미치는 것이다. 보조금을 받은 상장사를 업종별로 보면 군수 업종이 18.18%로 가장 높았다. 비철금속(15.38%), 기계설비(11.15%), 농축산업(10.71%), 전자(10.47%)가 뒤를 이었다.

정부 보조금의 최대 수혜자는 앞에서 언급한 BOE다. 2016년 1월부터 9월까지 정부로부터 받은 보조금만 17억 9200만 위안(약 3000억 원)에 이르러 '수취 1위'를 기록했다. BOE는 2015년 매출이 486억 위안(약 7조 8800억 원)으로 2009년의 8배 수준으로 급증했다. 반면 지난해 순이익이 16억 4000만 위안(약 2661억 원)으로 전년 대비 36% 감소하는 등 수익성은 악화되고 있는 것으로 나타났다. BOE는 2016년에 들어서도 9월까지 1억 4000만 위안(약 227억 원)의 순이익을 올리는 데 그쳤다. 전년 동기대비 92.9% 급감한 수준이다. 올 들어 9월까지 정부보조금이 같은 기간 순이익에서 차지한 비중은 1273.78%다. 정부보조금을 못 받았다면 막대한 적자를 냈을 거란 얘기다.

BOE의 형식상 최대주주는 11.56% 지분을 보유한 베이징시 산하 국유자산감독관리위원회지만 혼합소유제 개혁을 통해 사실상 민영화된 기업으로 평가받는다. BOE는, 1992년까지 7년 연속 적자를 내 도산 직전에 있던 베이징전자관의 공장장으로 취임한 엔지니어 출신 왕둥성王東升이 이를 모태로 1993년에 설립한 회사다. 그 이후 정부의 꾸준한 지원으로 현재 세계 3위의 디스플레이 업체로 성장하기에 이르렀다. 현재 삼성전자의 최대 LCD 패널 공급 업체이기도 하다. 달리 말하면 세계 1, 2위인 삼성디스플레이와 LG디스플레이가 시장에서 번 돈으로 열심히 사업을 확장하고 있을 때, BOE는 정부 돈으로 생존하며 세계 3위까지 이른 것이다.

물론 이 같은 무조건적 지원 방식은 부작용도 많고, 중국 내에서도 많은 비판을 받았다. 그래서 반도체는 민관 합동 펀드를 만들어 지원하고 있다. 하지만 그 역시 방식만 바뀌었을 뿐 정부 주도로 기업을 지원한다는 개념은 변함이 없다. 즉 중국 반도체 기업은 무제한에 가깝게 지원해주는 정부를 등에 업고 한국 기업들과 경쟁하고 있는 것이다.

천인계획,
인재를 쓸어 모으는 중국

—
3
—

기자가 2014년 한국을 비롯한 외신기자 중 최초로 중국 최대의 파운드리(foundry, 반도체 수탁생산) 업체 SMIC의 상하이 공장을 방문했을 때의 일이다. 일단 로비에 들어서자마자 '특허의 벽'이 방문자를 압도한다. SMIC가 반도체 분야에서 받은 1만여 개의 특허를 벽에 붙여놓은 것이다. '남의 기술만 베끼는 업체가 아니다'라는 것을 과시하는 듯했다. 벽을 구경하고 있자니 곧 홍보담당자가 나왔다. 기자는 어설픈 중국어로 인사를 건넸다. 중국어로 몇 마디 얘기를 나누자 기자의 중국어 실력이 아주 뛰어나지 않다는 걸 간파한 상대가 "영어는 가능하냐"고 물었다. 할 수 있다고 하자, 그는 유창한 영어로 말하기 시작했다. "다행이네요. 사실 저도 중국어보다 영어가 편해요." 곁에 있던 통역도 거들었다. "어쩐지 중국 사람이긴 한

SMIC 상하이 본사 로비에 있는 '특허의 벽'

데 중국어 발음이 이상하다 했어요."

생산라인을 간단히 둘러본 뒤 인터뷰실로 들어갔다. 기자를 맞아준 사람은 펑은린 IR 담당 부사장이었다. 역시 중국어는 필요 없었다. 그는 "통역이 있으면 시간이 걸리니 영어로 얘기하시죠. 저도 영어가 더 편합니다"라고 말했다. 비싼 돈 주고 고용한 통역은 멋쩍게 앉아 있어야만 했다.

펑 부사장은 미국에서 대학을 나왔다고 했다. 텍사스 인스투르먼츠TI 등 미국 유명 반도체 업체에서 일했다. 하지만 그는 2012년 미국 기업 임원 자리를 박차고 모국으로 돌아왔다. 그는 "발전하는 중국의 미래에 나의 여생을 걸고 싶다"고 말했다.

모든 산업이 그렇지만 특히 반도체에서 '인재'는 핵심 경쟁력이다. 좋은 반도체를 개발하기 위해서는 물리학, 화학에 대한 지식이 있어야 하며 소프트웨어 쪽에도 박식해야 한다. 새로운 반도체를 만들기 위한 '설계' 부분에서는 창의력도 물론 필요하다. 반도체 전문가들은 "반도체 산업 경쟁력은 핵심 인재가 90% 이상을 좌우한다"고 말한다. 같은 제품을 생산하더라도 만드는 과정이 모두 다르고, 각 기업 고유의 노하우가 있기 때문이다. 그 노하우는 결국 사람이 만든다.

예를 들어보자. 삼성전자와 SK하이닉스 모두 D램, 낸드플래시 등 같은 제품을 생산한다. 보통 같은 제품이면 만드는 공정도 비슷하다. 스마트폰은 삼성 제품이든 LG 제품이든 부품이나 공정에서 큰 차이가 없다. 하지만 반도체는 다르다. 같은 D램이라도 각 회사가 쓰는 화학물질이 조금씩 다르다고 한다. 장비를 어떤 순서로 어떻게 배치하느냐도 다르다. 한국 기업들은 20년 넘게 메모리반도체에 주력하면서 나름대로 노하우를 개발해냈다.

업계 전문가들은 이를 요리에 빗대 '레시피(조리법)'라고 표현한다. 한 업계 전문가는 "같은 김치찌개를 끓여도 요리사마다 레시피가 다른 것과 마찬가지"라며 "반도체 전체 공정을 이해하고 있는 사람 한 명만 있어도 신생 업체로서는 수십 년의 노하우를 한 번에 배울 수 있다"고 설명했다.

중국 반도체 산업의 역사는 한국에 비해 길지 않다. 그렇다고 우수 인재가 부족하다고 볼 수는 없다. 중국 반도체 업계를 살펴보면 인텔, TI 등에서 오랜 기간 일한 수많은 인재들이 포진해 있음을 알 수 있다. 대표적인 인물이 3D 낸드플래시를 생산하고 있는 창장반도체'의 CEO 사이먼 양Simon Yang이다. 그는 미국 인텔 본사에서

VP(Vice President, 부사장으로 번역되지만 미국 회사에선 통상 임원으로 지칭)까지 지냈던 인물이다. 그와 함께 일했던 한 한국 반도체 업체 임원은 "인텔에서도 '에이스'로 분류됐던 사람"이라고 설명했다. 양 CEO는 앞에서 언급한 펑 부사장처럼 지금은 조국의 반도체 산업 발전을 위해 힘을 쏟고 있다.

이처럼 중국에는 미국 등 선진국에서 공부한 우수 인재가 많이 포진해 있다. 왜 그럴까. 일단 정책 때문이다. 멀리 보고 오랜 기간 인재를 키워온 중국 정부의 선견지명이 돋보이는 부분이다. 중국 정부의 대표적 해외 인재 영입 프로그램은 '천인계획千人計劃'이다. "천재 1,000명만 있으면 국가의 미래를 바꿀 수 있다"는 취지하에 만들어진 정책이다. 공산당 중앙조직부가 직접 관장한다. 해외에 거주하는 우수 중국인을 고향으로 불러들이는 게 목적이다. 기본적으로 50만~100만 위안(약 8000만~1억 6000만 원)의 장학금을 지급한다. 주택보조금과 세제 혜택, 창업자금, 연구비 등은 별도다. 2008년 프로그램을 시작한 이후 최근까지 5,000여 명이 중국행을 택한 것으로 전해진다. 남효정 LG경제연구원 선임연구원은 "중국 정부의 IT 혁신이 본격화된 2012년부터 희망자가 몰려들어 대량 영입에 성공하고 있다"며 "선발 인재 중 절반가량은 기업에서 일하고 있다"고 설명했다.

국내로 돌아오도록 유인은 하지만 강제로 돌아오라고 하지는 않는다. 보통 국비장학생으로 유학을 떠나면 졸업 뒤 바로 돌아와 '국익에 기여'하도록 강요하는 한국의 프로그램과는 다르다. 미국에서 유학하다 한국으로 돌아와 반도체 업계에 몸담고 있는 한 임원은 "중국 국비 장학생으로 미국에 유학 온 사람들은 아무 제약 없이 미국 회사에서 일할 수 있다"고 설명했다. 한국은 국비장학생이 유학 뒤 바로 귀국하지 않고 현지 기업에 취직할 경우 유학비를 반납해야 하는 등 각종 제약이 많다.

중국의 방식은 단기적으로는 손해인 것 같지만 장기적으로는 훨씬 국익에 유리하다. 선진국 기업에서 온갖 노하우를 흡수한 다음에 귀국할 수 있기 때문이다. 이 임원은 "보통 한국식으로 말하면 부장이나 초임 임원이 됐을 때 부모님의 병환 등을 이유로 귀국을 신청하는 경우가 많고, 이 경우 동종업계 이직이 아니기 때문에 회사도 막을 수 있는 명분이 없다"며 "천인계획의 혜택을 받고 모국으로 돌아가서 지내다가 자연스레 미국 기업보다 더 좋은 대우를 받고 중국 반도체 업계에 취직하는 사례가 많다"고 설명했다. 그는 "주석이 새로 선출되면 10년씩 집권하고, '공산당'이라는 연속성이 유지되는 중국이기 때문에 가능한 일"이라며 "한국은 예산 집행에 따른 단기적 효과만 내려 하기 때문에 먼 미래를 보고 인재를 키우기가 어렵다"고 덧붙였다.

자국 인재만 키우는 것이 아니다. 외국 경쟁 업체에서 인재를 빼오는 작업도 활발하다. 반도체보다 한 걸음 앞서 한국을 추격한 중국 LCD 업계에는 한국인들이 최고위직을 차지하고 있는 경우가 적지 않다.

중국 업체의 인재 확보전은 단순한 스카우트에 그치지 않는다. 한국 기업의 기밀을 빼내서 중국으로 가져가는 사례도 적지 않다. 중국 업체들은 최근 삼성전자와 SK하이닉스 임원이나 수석(부장급) 들에게 헤드헌팅 업체를 통해 "1년 연봉의 세 배를 5년 동안 보장 하겠다(1–3–5)"는 제안을 건네고 있다. 일부 핵심 인력에겐 "1년 연 봉의 9배를 5년 동안 보장한다(1–9–5)"는 파격적인 제안도 한 것으 로 전해진다. 한국에서 연봉 1억 원을 받던 사람이 중국 업체로 이 직해 5년 동안 일하면 45억 원을 벌 수 있다는 계산이 나온다. 여기 에 자녀 학자금 지원 등 복지 혜택까지 내걸고 있다고 업계 관계자 는 전했다. (물론 실제로 이직했을 때 이 같은 연봉과 혜택을 모두 받으리라는 보장은 없다.) 이 같은 중국 정부의 제안에 이끌려 대표적으로 '불법 적 기술 유출'을 시도했던 사례가, 2016년 9월 경찰에 적발된 삼성 전자 이 모 전무의 사례다.

모 전무는 삼성전자의 핵심 인재였다. 그는 미국 스탠포드대학 에서 박사 학위를 받았고 인텔에서도 근무했다. 2009년 삼성전자 에 상무급으로 스카우트됐다. 그는 삼성전자에 온 뒤 낸드플래시 분야에서 연구, 제조, 개발을 두루 맡았다. 특히 삼성의 미래 먹거 리인 3D 낸드플래시 분야에서는 PA Processor Architecture팀에서 근무한 것으로 알려졌다. PA는 생산 전 최종 개발을 맡는 핵심 부서다. 이 팀을 통해 단순히 연구실에 있던 제품이 대량생산이 가능한 제품으로 거듭난다. 연구실 수준은 아무리 첨단제품이라 하더라도 학회지, 논문 등을 통해 대부분 공개된다. 중국 업체들이 첨단기술을 몰라서 한국 반도체를 따라잡지 못하는 게 아니라는 얘기다. 중요한건 양산 기술이다. 이 제품을 얼마나 싸게, 빠르게 만들 수 있을지가 각 기업의 핵심 노하우라는 뜻이다. 삼성 사정을 잘 아는 관계자는 "PA팀에 근무하고 연구, 개발, 제조를 두루 거쳤다면 삼성전자의 내부 사정을 속속들이 알고 있다고 보면 된다"고 설명했다. 삼성전자 안팎에서는 만약 모 전무가 3D 낸드 기술을 빼냈다면 삼성전자가 몇 년간 수십조 원의 타격을 입었을 것이라며 안도의 한숨을쉬었다. 한 반도체 업계 관계자는 "국보를 빼앗길 뻔했다"고 표현하기도 했다.

이런 핵심 인재가 왜 기밀을 유출하려 했을까. 사정은 복잡하다. 삼성 사정을 잘 아는 관계자에 따르면 그는 개인 비리로 진단(감사)에 적발된 적이 있다. 분명히 사규를 위반하는 사항이었지만, 모 전무 개인 입장에서는 '관행'이라며 억울해할 수도 있는 부분이 있었던 것으로 전해진다. 이렇게 되면 삼성 입장에선 난처해진다. 비리를 저지른 사람을 핵심 부서에 근무하게 그대로 둘 순 없다. 그렇다고 해고하자니 당장 중국에서 데려갈 것이 뻔하다. 삼성은 고심 끝에 모 전무를 2015년 말 기존에 근무하던 3D 낸드와 전혀 상관없는 시스템LSI사업부로 발령냈다. 새로운 것을 해보라는 이유를 내세웠지만, 전무쯤 되는 사람이 회사 돌아가는 분위기를 간파하지 못할 리 없다. 그는 2016년 초부터 중국 측과 접촉하기 시작했고, 회사 내부 자료를 몰래 프린트해 밖으로 빼돌렸다. 국가정보원과 삼성전자 측이 낌새를 파악한 것이 다행이었다. 2016년 9월 22일 모 전무를 체포한 건 증거를 잡고 기다렸던 경찰의 '기획수사'였다. 통상적으로 임원의 차는 퇴근 시 수색하지 않지만, 모 전무가 당일 많은 양의 자료를 프린트한 것을 파악한 경찰이 경비 업체에 지시해 특별히 차량을 뒤져 서류들을 발견한 것이다.

모 전무에게 '러브콜'을 보낸 쪽은 어디였을까. 이 사정 역시 복잡하다. 주체는 중국인이 아닌 한국인이었다는 게 업계의 설명이다. 중국이 한국 기술을 빼가는 또 하나의 방법을 가르쳐준 사례다.

업계에 따르면 모 전무를 불러내려 했던 인물은 대만에서 반도체컨설팅업을 하고 있는 C씨다. 그 역시 모 전무와 마찬가지로 한국 반도체 업계의 '에이스'였다. 경력만 놓고 보면 모 전무보다 훨씬 화려했다. 그는 1984년 삼성전자에 입사했다. 황창규 현 KT 회장(전 삼성전자 사장)과 함께 한국 메모리반도체를 세계 1위로 올려놓은 제품인 256M D램을 개발한 주역 중 한 명으로 꼽힌다. 삼성그룹에서 최고의 영예로 꼽히는 '자랑스러운 삼성인상'을 세 번이나 수상하기도 했다. 자랑스러운 삼성인상은 삼성그룹 전체에서 최고의 실적을 거둔 인물이나 팀에 수여하는 상이다. 상금 1억 원에 1계급 특진이 포상으로 주어진다. 집으로 고급 리무진을 보내 부모님과 가족들을 시상식에 초청한다. 시상은 회장이 직접 한다. 자랑스러운 삼성인상은 한 번만 타도 삼성 내에서 어느 정도 위치까지 올라갈 수 있는 영예로운 상이다. 그런데 C씨는 그 상을 세 번이나 탄 것이다.

성공가도를 눈앞에 두고 있었지만 그 역시 모 전무와 비슷한 곡절을 겪었다. 납품과 관련된 개인 비리로 진단에 걸린 것이다. C씨도 진단 결과에 대해 상당한 억울함을 호소했던 것으로 알려져 있다. 하지만 그 역시 삼성과는 관계를 정리했다. 그때가 2001년. 그 다음 일했던 곳은 하이닉스반도체(현 SK하이닉스)였다. 그는 하이닉스에서도 맹활약했다. 당시 적자폭이 심했던 하이닉스를 흑자로 전환시키는 데 큰 공을 세운 것으로 전해진다. 하지만 하이닉스에서도 이런저런 갈등으로 사장 등 최고위직에 오르지 못했다. 2010년께 그가 눈길을 주기 시작한 곳이 막 태동하기 시작한 중국 반도체 업계였다.

C씨가 삼성전자와 하이닉스를 다 거친 건 한국 반도체 업계 입장에선 더 큰 리스크가 됐다. 중국에서 그를 데려가면 초기 메모리 반도체시장에 진입하기 위해 필요한 노하우들을 손쉽게 얻을 수 있었다. 문제는 법이었다. 한국에는 '산업 기술의 유출방지 및 보호에 관한 법률'이라는 다른 국가보다 강력한 기술유출방지법이 있다. 그를 직접 스카우트하면 법에 걸릴 수밖에 없었다. C씨는 '우회로'를 택했다. 그는 중국이 아닌 대만에 컨설팅 업체를 차린 뒤 그 업체를 통해 중국 반도체 업체들에 공정 노하우를 제공해주고 있는

것으로 알려졌다. 법망을 피할 수도 있고 C씨 개인적으로도 더 많은 돈을 벌 수 있는 방법이다. 한 업계 관계자는 "C씨의 업체에 워낙 많은 컨설팅 요청이 들어와 감당이 안 되는 수준으로 알고 있다"며 "2010년에 회사를 떠난 C씨가 3D 낸드와 같은 최신 기술에 대한 지식이 부족해 모 전무에게 도움을 요청한 것으로 알고 있다"고 말했다.

중국이 인재를 끌어 모으는 방법은 이처럼 다양하다. 막강한 자금력과 때로는 국제법도 무시하는 중국 특유의 '배짱'으로 자국은 물론 경쟁 업체의 인력들을 쓸어가고 있는 것이다.

반면 한국 입장에선 인재 유출을 막기가 쉽지 않다. 일단 '산업기술의 유출방지 및 보호에 관한 법률'이라는 법 자체도 논란의 여지가 많다. 선진국에서는 이 같은 법을 찾아보기 힘들다. 직업 선택의 자유를 제한하기 때문이다. 지금도 미국 마이크로소프트에서 일하던 사람이 삼성전자에 스카우트되거나, 삼성전자에서 일하던 사람이 구글로 가기도 한다. 보통 국내 인력이 구글 본사 등에 스카우트되면 언론은 이를 '미담'으로 포장한다. 유독 중국으로 가는 것만 막아야 한다는 당위는 없다.

위에 언급된 C씨의 사례도 마찬가지다. 한국의 어떤 기업에서 일하던 사람이 뜻한 바가 있어 회사를 나가 자신의 전공을 살려 외국에 컨설팅 회사를 차린다. 일견 아무 문제가 없는 결정이다. 문제는 아이템이 반도체이고, 장소가 대만이라는 점이다. 소프트웨어이고 미국이면 문제가 없는데, 반도체이고 대만이면 문제가 된다는 논리도 맞다고 단정 짓기는 힘들다.

"한국도 미국이나 일본 산업 베끼고 인재도 스카우트하면서 크지 않았냐"는 주장도 설득력이 있다. 가전제품이나 자동차는 물론 반도체 산업도 처음 시작할 때는 선진국의 인력을 빼왔다. 기실 '산업스파이'를 애국자 비슷하게 묘사한 것이 불과 20~30년 전이다. 그런 한국이 외국으로 떠나는 인력들을 '매국노'라고 몰아붙이는 건 옳지 않다는 지적이다.

하지만 이 같은 윤리적 판단 기준으로 반도체 인력 유출을 그대로 방치하는 것은 '한가한 태도'라는 게 반도체 업계의 지적이다. 국가 최대이자 한국의 미래가 걸린 산업이기 때문이다. 그렇지만 법적으로 봤을 때 이렇다 할 해결책을 제시하기는 쉽지 않다. 한국 반도체협회 등에서 인력 유출을 막기 위한 다양한 아이디어를 제시하긴 했다. 대표적인 것이 '반도체 스타트업 기업 육성'이다. 구도는 다음과 같다. 반도체 관련 연구 과제를 대학에 준다. 정부가 일정 금액을 지원하면 삼성전자와 SK하이닉스가 '1대 1 매칭'으로 자금을 지원한다. 연구에는 대학 교수와 반도체 기업 퇴직자가 참여한다. 연구가 성공하면 이를 별도의 기업으로 독립시키고 삼성과 SK하이닉스에서 제품을 사주면서 경영을 계속할 수 있게 지원한다.

기업들은 이 같은 방안에 적극 찬성했다. 기업들 입장에서도 마땅한 퇴직자 관리 방안이 없었기 때문이다. 몇 십 억 원이 아니라 몇 백억 원이라도 낼 의향이 있었던 것으로 전해졌다. 하지만 정부는 이 같은 방안에 예산을 투입하지 않기로 했다. 정부와 국회에서 매번 괄시받는 반도체 산업의 현실은 '지원 부실로 고사하는 한국 반도체 산업'에서 자세히 다룬다.

'2차전지' 사례를 통해 본
중국의 막무가내

4

여기까지 읽고는 이렇게 생각할 독자들도 있을 것 같다.

"에이 설마, 아무리 중국이라도 지금이 어떤 시대인데 대놓고 다른 나라 기업을 밟고 국제법도 무시하면서 자국 산업만 키울 수 있겠어?"

하지만 그렇다. 정말 대놓고 탄압한다. 그 사례가 2차전지다. 실제 일어났던 사례를 보면 중국 정부가 자국 산업을 키우기 위해 얼마나 과감한 방법을 쓰는지 알 수 있다. 이 역시 사례가 어려워 일반인에게는 많이 알려지지 않았지만, 입이 벌어질 만큼 황당한 경우였다.

2차전지란 말 그대로 충전할 수 있는 전지다. 스마트폰 배터리가 모두 2차전지다. 이제까지는 스마트폰시장이 가장 컸지만 점점 전기차에 들어가는 자동차용 2차전지시장이 커지고 있다. 한국의 LG화학과 삼성SDI는 이 분야에서 세계 선두권의 기술력을 갖고 있다. BMW, GM 등 글로벌 자동차 업체들이 한국산 배터리를 쓴다. 안전을 무엇보다 중요시하는 유럽과 미국의 자동차 업체들이 한국 배터리를 쓴다는 건 그 자체로도 품질이 검증됐다는 뜻이다. BMW는 전기차 중 최고급 차종인 i8에도 삼성SDI의 배터리를 썼다.

중국은 삼성과 LG의 2차전지 공장을 유치하고 싶어 했다. 공장을 유치해 기술을 배우겠다는 의도였다. 중국에 있다 보면 아무래도 기술이 노출될 수밖에 없다. 하지만 배터리 업체들 입장에서도 거대한 중국시장을 공략할 수 있다는 강점이 있다. 세계 최대시장인 중국이 공장을 지어달라는 데 거절하기도 쉽지 않았다. 두 회사는 거의 비슷한 시기에 공장 건설을 결정했다. LG화학은 난징에, 삼성SDI는 삼성전자의 반도체 공장이 있는 시안에 자동차용 2차전지 공장을 지었다. 완공된 시점이 2015년 10월이었다. 각각 2000억 원 정도의 자금이 투자됐다.

중국에 공장을 지으려면 그 공장에서 뭘 만들지 어떻게 만들지 등에 대해 당국에 신고해야 한다. 즉 중국 정부는 이 회사가 어떤 방식으로 어떤 제품을 만들지 다 알게 된다. 두 회사의 배터리는 '삼원계' 방식이다. 용어가 좀 어렵지만 간단히 설명하면 다음과 같다. 지금 많이 쓰이는 2차전지는 리튬이온 방식이다. 리튬이온 배터리는 양극재, 음극재, 분리막 등으로 구성된다. 이 중 니켈·카드

삼성SDI 시안 공장 전경
자료: 삼성SDI

뮴·망간 등 세 가지 물질을 섞어서 양극재를 만들면 삼원계 배터리, 리튬인산철을 쓰면 LFP 배터리로 불린다. 삼원계 배터리는 LFP에 비해 에너지 밀도가 높아 더 진보된 기술로 분류된다. 세계시장 점유율도 삼원계가 93%, LFP는 7% 수준이다. LG화학, 파나소닉, 삼성SDI 등 세계 자동차 배터리 업체 '빅3'가 모두 삼원계 방식으로 배터리를 만든다. BMW, 테슬라Tesla, GM 등이 만드는 전기차에 모두 삼원계 방식 배터리가 들어간다는 얘기다.

　여기에 정치적 이벤트 몇 개가 개입한다. 2015년 12월 한국과 중국의 자유무역협정FTA이 공식 발효되었다. FTA를 맺었다는 건 양국이 시장을 대폭 개방함과 동시에 무역에 대해 원칙을 세운다는 의미다. 그리고 한국 정부는 사드(THAAD, 고도미사일방어체계. 적의 미사일을 고도의 높이에서 요격 격추시키는 무기) 배치를 고려하기 시작했다. 미국의 미사일을 한국 땅에 배치해 북한 침략에 대응하겠다는 것인데, 사정거리가 중국까지 닿는다는 점에서 중국 정부가 강하게 반발했다.

이런 상황이 벌어지자 황당한 일이 생겼다. 중국 정부는 2016년 1월 말 LG화학과 삼성SDI 등 한국 업체의 리튬이온 배터리를 장착한 전기버스에는 보조금을 주지 않기로 결정했다. 달리 설명하면 LFP 방식의 배터리를 쓴 전기버스에만 보조금을 주겠다는 것이다. 전기버스는 중국 전기차 배터리시장의 약 40%를 차지하는 핵심 차종이다. 위에서 언급했듯 LFP는 국제적으로 삼원계 방식에 비해 열등하다고 평가받는 기술이다. 중국 정부가 삼원계 배터리를 보조금 대상에서 제외한 표면적 이유는 안전이다. LFP에 쓰이는 양극재의 발화점이 220도인 반면, 삼원계는 180~200도여서 화재 발생 가능성이 높다는 것이다. 하지만 배터리는 양극재로만 구성되는 것이 아니다. 양극재가 차지하는 비중은 10% 정도다. 안전성을 종합적으로 판단해야 한다는 게 업계 지적이다. BMW나 테슬라도 이 같은 점을 다 알고도 삼원계 방식을 채택한 것이다.

당시 중국에서는 삼원계 배터리를 만들 만한 기술력을 가진 업체가 없었다. 중국 1위 BYD는 LFP 방식만 만들고 있었다. 게다가 한국 업체들이 생산한 배터리는 모두 중국자동차기술연구센터 CATARC의 안전 인증을 통과했다. 업계 관계자는 "중국 정부의 인증을 통과했는데 또 다른 정부 기관이 새로운 규제를 제시한 셈"이라고 지적했다.

명백한 비관세 장벽이었다. 환경오염이 극심한 중국은 우선 버스를 전기차로 바꾸고 있다. 오래된 버스가 내뿜는 매연이 워낙 심하기 때문이다. 2015년 기준 365억 위안(약 5조 9210억 원) 규모인 중국 전기차 배터리시장의 40%가량을 전기버스가 차지했다. 중국 정부는 2억~3억 원인 전기차 한 대에 1억 8000만 원의 보조금을 준다. 즉 전기버스 제조업체 입장에서는 국가보조금을 안 받으면 전기차를 만들 수 없다는 얘기다. LG화학과 삼성SDI는 공장 완공 3개월 만에 뒤통수를 맞은 것이다. 시장 전체의 40%에 접근할 기회조차 잃어버렸다.

이 문제에 대해 한국 산업통상자원부는 부랴부랴 항의 서한을 보냈다. 장관과 총리 등이 중국을 찾아 항의하기도 했다. 그러자 중국은 같은 해 7월 "안전성 기준을 다시 만들겠다"고 발표해버렸다. 한국 정부가 결과에 불만을 표출하니, 기준 자체를 다시 만들겠다는 뜻이었다. 당초 한국 정부의 취지는 기준을 다시 만들라는 것이 아니라 재심사를 요청한 것이었다. 명백한 중국 정부의 '시간끌기' 전략이었다. 기준을 다시 만드는 데 필요한 시간이 얼마나 걸릴지 알 수 없기 때문이다. 그사이 중국 업체들이 삼원계 배터리를 만들 수 있도록 시간을 벌어주겠다는 심산이다.

여기까지도 황당하지만 그다음은 더하다. '삼원계 규제' 이후 불과 4개월 만에 중국 정부는 배터리에 대한 새 규제를 내놨다. 이른

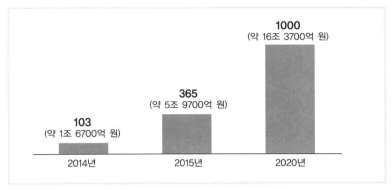

중국 전기차 배터리시장 규모 (단위: 억 위안)

1000
(약 16조 3700억 원)

365
(약 5조 9700억 원)

103
(약 1조 6700억 원)

2014년   2015년   2020년

자료: 고공산연리전연구소(GGII)

바 '모범규준'이다. 배터리 공장이 중국 정부가 만든 생산, 개발, 품질, 설비 규정에 부합해야 그 공장에서 생산된 배터리를 장착한 전기차에 보조금을 주겠다는 것이었다. 그리고 LG화학과 삼성SDI의 공장이 이 모범규준에 부합하지 않는다고 판단을 내렸다. 이 자체가 모순이다. 왜냐하면 LG화학과 삼성SDI가 중국 정부의 허가를 받지 못했다면 중국에 공장조차 지을 수 없었기 때문이다. 더군다나 이 모범규준은 전기버스용 배터리뿐 아니라 이 공장에서 생산하는 모든 제품에 적용되는 것이었다. 즉 모범규준을 받지 못하면 중국에서 2차전지 장사를 하지 말라는 얘기다.

중국은 2015년 11월부터 이 기준에 부합하는 업체 25개를 발표했는데 LG화학과 삼성SDI는 떨어졌다. 1차적으로 떨어진 두 회사는 모범규준에 부합하지 않는 측면이 어디인지 꼼꼼히 살폈다. 그리고 같은 기준으로 심사할 경우 반드시 모범규준을 받을 수 있도록 모든 요건을 갖췄다.

그러나 중국 정부는 2016년 5월 이후로 중국 정부는 모범규준 심사 자체를 하지 않았다. 원래는 거의 한 달에 한 번쯤 하던 것이었다. 업체들이 "언제 하느냐"고 수차례 문의했지만 소용없었다. 그렇게 한두 달이 흘러가면서 LG화학과 삼성SDI 공장가동률은 10% 이하로 떨어졌다. 원래 중국시장을 노리고 만든 공장인데 전기차용도, 전기버스용도 만들 수 없게 됐기 때문이다. 그저 다음 심사 일정을 하염없이 기다릴 뿐이었다.

이 같은 상황은 한국 배터리 업체는 물론 중국 자동차 업체들에도 좋지 않은 것이었다. 자동차 업체들은 한국 배터리를 쓰면 더 안전하다는 것을 알고 있었고 실제로도 쓰고 있었기 때문이다. 일부 중국 자동차 업체들은 당국에 "한국 배터리를 쓰지 못해 전기차 생산에 차질이 빚어졌다"는 식의 강한 항의도 했던 것으로 전해졌다. 그러나 그 뒤 중국 자동차 업계에선 "항의했던 자동차 업체들이 중국 정부로부터 혼쭐이 났다"는 소문이 돌기 시작했다. 그러고 나서 추가적인 움직임은 없었다. 그사이 중국 언론에서는 BYD 등 중국 배터리 업체들이 삼원계 기술 개발에 성공했다는 소식이 들려왔다. 중국 입장에선 일단 자국 배터리 업계의 경쟁력을 키우고, 이 즈음 사드 배치를 최종 결정한 한국 정부를 혼내주는 게 우선이었다.

한국의 상황은 점점 좋지 않게 흘러갔다. 일명 '최순실 게이트'

가 터졌고 박근혜 대통령과 청와대의 권한이 크게 위축됐다. 당연히 외교도 '올 스톱' 됐다. 중국은 기회를 잡았다. 2016년 11월 갑자기 모범규준 평가 기준 자체를 크게 높이겠다고 발표했다. 그간 기존 기준에 따라 평가를 준비하던 한국 업체들은 날벼락을 맞은 셈이 됐다. 다시 준비할 수도 없었다. 새 기준은 LG화학과 삼성SDI뿐 아니라 대부분의 중국 업체들도 통과하지 못할 만큼 높은 것이었다. 그러고 나서 며칠 뒤에는 "모범규준을 받지 않아도 보조금은 줄 수 있다"는 식의 발표를 흘렸다. 완전한 '갈 지z' 자 행보였다.

기업 입장에서는 불확실성만큼 큰 리스크는 없다. LG화학과 삼성SDI 입장에서도 이쯤되면 "중국은 우리가 더 이상 이곳에서 배터리 만드는 걸 원치 않는구나"라고 깨달을 수 있었다. 2016년 말 현재, 두 회사는 공장의 용도를 바꾸는 방안을 검토하고 있다. 이렇게 중국은 외국 기업이 수천억 원을 투자한 공장 2개를 1년도 안 돼 사실상 폐쇄시켜버렸다. 한국 정부가 정상적인 상황이라면 세계무역기구제소 등을 검토했겠지만, 대통령 탄핵 정국을 맞아 사실상 직무가 정지해 있던 한국은 아무 힘을 쓰지 못했다. 이쯤되면 독자들도 중국의 '막무가내'가 어느 수준인지 이해했을 것이다.

이제 다시 시야를 반도체로 돌려보자. 삼성전자는 역시 시안에 3D 낸드플래시 공장을 갖고 있다. SK하이닉스는 우시에 거대한 D램 공장을 운영하고 있다. D램은 한국이 세계시장을 과점하고 있다. 3D 낸드플래시는 앞서 언급한 대로 삼성전자가 경쟁 업체들을 두세 걸음 따돌리면서 선두를 달리고 있다. 이들 공장이 두 회사 매출에서 차지하는 비중도 상당하다. 만약 중국 정부가 배터리에 가했던 규제 방식을 반도체에도 그대로 적용하면 어떻게 될까. 엉뚱한 규제를 만들어 3D 낸드 공장과 D램 공장을 가동 중지시켜버리면 어떻게 될까. 두 공장에 들어간 투자금은 수천 억 원이 아닌 수조 단위다. 배터리는 상대적으로 어렵지 않은 기술이지만 반도체는 한국이 원천 기술을 갖고 있는 최첨단 분야다. 자동차 배터리야 중국 아니고도 BMW든 GM이든 팔 곳이 있지만 중국 전자기기에 반도체를 넣지 못하면 한국 업계는 한 방에 궤멸될 수 있다.

지원 부실로 고사하는
한국 반도체 산업

5

앞서 살펴본 대로 중국은 반도체 산업을 살려야겠다는 의지를 분명히 가지고 있다. 돈도 충분하다. 수단과 방법도 가리지 않는다. 다수의 전문가들이 국가적으로 반도체를 살리기 위해 뭉쳐 있다. 그렇다면 이 같은 도전을 맞이하는 한국은 어떤 상황일까.

반도체 업계 입장에서 보면 암담할 정도다. 일단 정부 내에 반도체 전문가는 없다고 봐도 된다. 반도체 산업을 관리하는 주무부처는 산업통상자원부(2016년 기준)다. 주무과는 산업기반실 소재부품정책관 전자부품과다. 굳이 조직을 언급하는 이유는 조직 구조 자체가 전문가를 양산할 수 없는 형식이기 때문이다. 이는 반도체뿐아니라 다른 산업도 마찬가지다.

소재부품정책관장은 국장급이다. 이 밑에 전자부품과를 포함 소재부품정책과, 철강화학과, 섬유세라믹과 등이 있다. 국장으로 승진하려면 각 과를 한 번 정도 거쳐야 한다. 국장에서 실장으로 승진하는 것도 마찬가지다. 한 분야에 오래 근무하면서 전문성을 쌓기가 사실상 불가능하다. 조사 결과, 각 과의 과장들은 평균 한 과에 1년 반 정도 머무는 것으로 나타났다. 승진을 포기하면서까지 반도체 전문가가 되고 싶어 하는 공무원은 없다. 한 분야에 전문성을 쌓으면서 정부 내에 머무는 것 자체가 불가능하다.

이렇다 보니 업에 대해 이해하기가 쉽지 않다. 특히 반도체처럼 첨단 기술인 경우는 더욱 그렇다. 반도체의 경우 매번 과장이 바뀔 때마다 습관적으로 몇몇 과제를 선정해 중소기업에 예산을 배분한다. 하지만 업에 대한 이해가 부족하다 보니 예산이 낭비되는 사례가 적지 않다. 전자부품과장을 지냈던 A 과장의 얘기다.

"전자부품과에 와서 반도체라는 걸 처음 자세히 봤다. 얼핏 공부하니 한국은 반도체 산업이 메모리반도체 중심이고 시스템반도체가 약하며, 대기업 중심이고 중소기업이 약하다는 얘기를 들었다. 그래서 시스템반도체 사업을 하는 중소기업에 얼마 안 되는 예산을 배당했다. 그리고 그 기업에 실사를 나갔다. '예산이 배당된 과제를 할 사람은 뽑았냐'고 물었다. 해당 과제가 그 회사의 기존 사업과 조금 달랐기 때문이다. 그 회사 대표는 "원래 있던 직원이 하면 된다"고 답했다. 해당 분야의 전문가가 아닌데 과제를 맡긴다는 것이다. 나중에 알고 보니 이 회사는 매번 예산을 받아 직원들에게 적당히 분배하고 있었다. 국가 돈으로 근본적 경쟁력이 없는 '좀비 기업'만 만든 셈이다. 그 뒤 나름 반도체 공부를 열심히 했다. 하지만 뭔가 업에 대해 이해할 때쯤 반도체와 전혀 상관없는 산업부 밖의 다른 부처로 발령이 났다."

물론 전자부품과장이 관리하는 한국반도체산업협회가 있다. 이곳에서 전자부품과를 대신해 연구 용역 등을 수행한다. 협회에는 전문가도 있고 필요할 경우 각 기업의 전문가들을 활용할 수도 있다. 그럼에도 한계는 분명하다. 예산 자체가 부족하기 때문이다. 반도체 관련 국가 예산을 다 합해봐야 356억 원(2016년 기준) 수준이다. 이나마도 2013년 728억 원, 2014년 599억 원, 2015년 561억 원 순으로 매년 감소하고 있다. 300억 원 남짓한 예산도 한 번에 쓸 수 없다. 중소기업에 '골고루' 나눠줘야 한다. 예산이 효율적으로 쓰일 수가 없다. 물론 협회와 산업부에서도 예산 증액을 꾸준히 요청하고 있다. 특히 2015년 중국발 반도체 위기론이 불거지면서 더욱 강력하게 요청했다. 앞서 언급한 반도체 인력 유출 방지를 위한 인력을 포함해서다. 하지만 번번이 무산됐다.

이유는 두 가지다. 하나는 "잘하고 있는 사업에 예산을 왜 주느냐"는 것이다. 반도체는 '현재 산업'이니 국가 예산은 '미래 산업'인 바이오 등에 더 많이 써야 한다는 것이다. 또 다른 이유는 부처가 아닌 국회에서 많이 나온다. "왜 대기업인 삼성전자나 SK하이닉스를 국가 돈으로 돕냐"는 논리다. 반도체 업계에 대기업만 있는 것도 아닌데, 국회는 반도체 예산 증액에 매번 시큰둥한 반응이다. 대기업이 대표하고 있는 업종을 도와줘봐야 생색이 안 난다는 것이다. 결국 한국 정부엔 반도체 산업의 미래를 위해 큰 그림을 그리는 사람도 없고, 예산도 턱없이 부족한 셈이다. 국내 인력은 물론 국내 핵심 기업들도 속속 중국에 팔려나가는 와중에서도 말이다.

정부 예산이 부족해도 삼성전자와 SK하이닉스는 먹고살 수 있다. 하지만 중소기업과 학계를 포함한 전체 생태계는 서서히 무너진다. 특히 학계가 문제다. 연구만 해서는 돈을 벌 수 없기 때문에 정부 예산이 반드시 필요하다. 학계가 무너진다는 건 산업의 미래가 무너진다는 뜻이다. 기업들도 미래 기술을 연구하지만, 아무래도 단기간에 상용화할 수 있는 기술 개발에 집중할 수밖에 없다. 10년 뒤, 20년 뒤를 내다보는 기술은 학계가 책임져야 한다.

그러나 한국 반도체 학계는 서서히 무너지고 있다. 2015년 말 반도체 학계에서 벌어진 우울한 사건 하나가 이를 대변한다. 한국 최고의 대학인 서울대학교의 반도체공동연구소장에 반도체가 아닌 LCD 전공자가 임명된 것이다. 반도체 전공자가 워낙 없다 보니 생긴 일이다.

당시 반도체공동연구소장이었던 황철성 교수와의 인터뷰를 통해 현재 한국 반도체 업계의 현실을 짚어본다. 황 교수는 메모리 소자와 반도체 물질·공정 분야에서 세계적인 석학으로 꼽힌다. 특히 뉴 메모리 분야에서 많은 논문을 내고 있다. 그는 2016년 인용 횟수가 세계 상위 1% 안에 드는 논문 중 특별히 학술적 공헌도가 높은 논문을 제출한 공로로 미래창조과학부로부터 '제7회 지식창조대상'을 받았다. 그가 2010년 《네이처 나노테크놀로지Nature Nanotechnology》에 게재한 뉴메모리의 일종인 Re램 관련 논문은 지금까지 700회 넘게 인용됐다. 2012년부터는 《네이처 사이언티픽 리포트Nature Scientific Reports》의 부편집장도 맡고 있다.

황 교수의 결론은 간단했다. 지금껏 화려한 성과를 자랑하는 한국 반도체 산업의 미래가 밝지만은 않다는 것이다. 가장 큰 이유는 인력 부족. 그는 "한국 반도체 업계는 '뿌리(인재)'가 말라가는 나무와 같다"며 "지금의 성공에 취해 있다가는 중국발 태풍에 고사枯死할 수 있다"고 말한다. 다음은 황철성 교수와의 인터뷰 내용이다.

▷ **국내 반도체 업체에서는 좋은 인재가 없다고 아우성입니다.**

"교수가 부족하고 연구 과제도 별로 없는데 제대로 배울 수 있겠습니까. 박사 학위를 받고도 반도체를 잘 모르는 사람이 많습니다. 지금은 특히 우수한 인재가 많이 필요한 시기인데 답답합니다."

▷ **왜 지금 우수 인재가 많이 필요합니까?**

"한국 반도체 업체들은 제품을 잘 만듭니다. 하지만 그 제품을 생산하는 장비는 모두 일본이나 미국산입니다. 삼성전자와 SK하이닉스가 투자한다는 수십 조 원의 절반이 외국으로 가버리는 거죠. 지금 메모리반도체는 공정 개선만으로는 더 이상 발전하기 힘듭니다. 소재나 장비 쪽에서 혁신적 발전이 필요하죠. 그런데 워낙 인재가 부족한 데다 그나마 쓸 만한 사람은 대기업에만 가거든요."

▷ **외국의 경우는 다른가요?**

"미국에 가보면 제조 업체인 인텔부터 그 밑에 장비, 소재 업체에까지 우수 인재가 두루 포진해 있어요. 장비 업체에 간다고 '취업을 잘못했다'고 생각하지 않습니다. 하지만 우리는 서울대 나와서 반도체 장비 업체에 간다고 하면 당장 '미쳤느냐'는 소리부터 하는 게 현실입니다. 요즘은 중국도 우리보다는 좋은 인재가 많이 나오는 것 같아요."

▷ **안 그래도 중국이 메모리반도체에 뛰어들면서 위기론이 퍼지고 있습니다.**

"메모리반도체의 진입장벽이 상당히 높은 건 사실입니다. 하지만 30년 전을 생각해보세요. 국내 업체에서 볼 때 일본의 메모리반도체 업체인 히타치Hitachi나 NEC는 하늘 같은 존재였습니다. 지금은 어떻습니까. 일본 업체는 세계 10위권에서 사라지고 없지 않습니까. 우리는 맨바닥에서 시작해 일본 업체들을 뛰어넘었어요. 우리가 했는데 중국이라고 못할 것이 없지 않습니까."

황철성 서울대학교 교수

▷ **국내 업체와 중국 업체 간 기술 격차는 아직 상당하지 않나요?**

"메모리반도체의 공정은 어렵습니다. 하지만 설계는 어렵지 않습니다. 돈과 사람을 투자하면 언젠가는 나오게 돼 있는 제품입니다. 중국은 자금력을 갖췄습니다. 미국과 일본에서 공부한 우수한 인재들도 많고요."

▷ **미국 인텔도 30년 만에 메모리반도체시장에 새로 진입했습니다.**

"인텔이 '3D 크로스포인트3D Xpoint' 라는 신개념 메모리를 내세우고 들어왔죠. 지금 쓰는 컴퓨터에는 3D 크로스포인트와 같은 뉴메모리가 필요 없습니다. 한국 업체들이 잘 만들고 있는 D램, 낸드로 충분합니다. 하지만 작은 상자만 한 슈퍼컴퓨터를 제작하려면 뉴메모리 기술이 반드시 필요합니다. 먼 미래 얘기가 아니에요. 당장 자율주행자동차 시대가 오면 차에 슈퍼컴퓨터 한 대씩 설치해야 합니다. 주행하면서 엄청난 데이터를 처리해야 하니까요."

▷ **국내 업체들도 10년 전부터 뉴메모리 개발에 뛰어들지 않았습니까?**

"그렇죠. 그런데 아직 뚜렷한 성과가 없습니다. 서울대 공대에서 최근 내놓은《축적의 시간》이란 책을 보면 이유를 알 수 있죠. 한국은 '세계 최초' 기술을 많이 개발했지만 이 중 세계적인 가치를 인정받는 제품은 많지 않아요. 기술과 노하우가 꾸준히 축적되지 않기 때문이라는 게 서울대 공대의 결론입니다. 기업의 일이라 함부로 말하긴 힘들지만, 기업 최고경영자가 바뀔 때마다 뉴메모리 연구를 중단하고, 또다시 시작하는 일이 반복된다고 들었습니다."

▷ **한정된 재원을 반도체 대신 바이오 등 미래 사업에 집중해야 한다는 얘기가 설득력 있게 들리기도 합니다.**

"반도체를 가르치는 교수지만 반도체를 대체할 만한 산업이 있다면 저도 그 주장에 찬성할 수 있습니다. 하지만 어떤 산업이 10~20년 내에 반도체만큼 돈을 벌게 성장할 수 있을까요? 제가 전문가는 아니지만 우리나라가 제약업으로 스위스나 미국을 제치고 1년에 수십 조 원의 영업이익을 낼 수 있다고 생각하는 사람이 있나요? 단군 이후 국내 산업이 세계에서 압도적으로 1등을 한 것은 반도체뿐입니다."

▷ **정부도 위기의식을 갖고 반도체 지원 방안을 고민하고 있다는 얘기도 있습니다.**

"이제껏 정부의 지원 정책은 대부분 중소기업에 자금을 지원하는 것이었어요. 이런 방식은 지원받는 동안에만 '반짝' 하고 효과가 나타나지 오래 못 가요. 원천 기술이라는 게 1~2년 만에 얻어지는 게 아니거든요."

▷ **그러면 어떻게 해야 할까요?**

"대학, 정부, 기업이 함께 오래 연구할 수 있도록 터전을 닦아줘야 합니다. 같이 발전할 수 있는 생태계를 조성해가야 합니다. 미국도 그렇게 하고 있고요. 그래서 반도체의 패러다임을 바꿀 미래 소재 등을 개발해야 합니다. 그러면 교육의 질도 높아지고, 좋은 인력들이 생기면서 업계의 수준도 높아질 겁니다."

▷ **후임 반도체공동연구소장에 반도체 비전공 교수가 유력하다고 들었습니다(결국 그의 후임으로 비전공 분야 교수가 소장을 맡게 됐다).**

"그렇게 됐습니다. 반도체를 전공한 교수가 없어 어쩔 수 없는 측면이 있습니다. 서울대에서 18년째 교수 생활을 하고 있는데 제가 온 뒤로 반도체를 전공한 교수가 딱 한 명 더 임용됐습니다. 선배들은 모두 연구소장을 했거나 퇴임했고요. 그래서 부득이 비전공 교수가 연구소장을 맡게 될 듯합니다."

▷ 왜 그렇게 됐습니까?

"정부의 연구개발R&D 지원자금이 바이오에 몰리면서 반도체에선 연구자금을 받기가 힘듭니다. 게다가 유감스럽게도 한국 반도체 업체들은 지식재산권IP에 대한 존중이 부족해요. 학계에서 좋은 특허를 내도 헐값에 가져가거나, 교묘히 법망을 피해 무단 사용하는 사례가 적지 않습니다. 그러다 보니 다들 반도체를 연구하기 싫어하는 거죠."

▷ 현재 상황이 많이 답답하겠습니다.

"몇 억 원이 없어서 연구실에 장비도 제대로 못 삽니다만……. 반도체가 없으면 우리 자손들은 뭐 먹고사나요. 지금까지 교수 생활하면서 460편의 논문을 발표했는데, 정년퇴임하기 전까지 1,000편을 채우는 게 목표입니다."

중국 반도체 산업의 실체

중국 반도체는
어떻게 성장해왔나

—
1
—

그렇다면 중국 반도체의 현재 수준은 어떨까. 현재까지는 한국이나 다른 선진국과 비교하긴 힘든 수준이다. 하지만 높은 기술력이 필요하지 않은 분야에서는 차곡차곡 실력을 쌓아왔고, 특정 분야에서는 세계 정상권에 있는 업체도 있다. 그리고 2015년을 기점으로는 다른 어느 나라도 따라올 수 없을 정도로 과감하게 투자하고 있다.

중국 반도체 산업은 비교적 기술이 쉬운 후공정(패키징/테스트), 팹리스(fabless, 반도체 설계), 파운드리(foundry, 반도체 수탁생산) 등으로 분업화된 형태를 갖추고 있다. 산업 육성 전략에 맞춰 낮은 단계의 기술력으로 접근 가능한 부분, 수요를 기반으로 한 제품 중심부터 단계적으로 키운 것이다.

지금 중국 반도체에서 가장 큰 비중을 차지하고 있는 건 후공정 분야다. 후공정은 반도체를 다른 회로들과 함께 묶는 '패키징 packaging'과 성능 테스트 등을 뜻한다. 대표적인 업체가 JCET로 반도체 패키징 분야 세계 3위를 차지하고 있다. 파운드리 분야는 2000년대 초중반 중앙 및 지방 정부의 적극적인 투자로 많은 기업이 육성되었으나, 현재는 SMIC를 비롯한 몇 개 업체만 남아 있다. 중국 로컬 스마트폰 업체들의 급성장과 함께 최근 몇 년간은 팹리스 분야가 가장 빠르게 성장하고 있다. 특히 AP 분야에서는 글로벌 기업들과 경쟁하는 수준으로까지 성장했다. 반면 반도체를 직접 제조하는 '전공정' 분야에 대해서는 아직 이렇다 할 성과가 없다. 특히 한국이 강점을 보이는 메모리반도체 쪽에서는 거의 아무 실적이 없는 상황이다. 앞으로 중국이 전공정과 메모리에 투자를 집중할 것임을 어렵지 않게 짐작할 수 있다.

더 자세히 살펴보자. 중국 반도체 산업은 초기에는 팹리스 업체 중심으로 성장했다. 팹리스는 반도체를 만들지는 않고 설계만 한 뒤 위탁생산(파운드리) 업체에 맡긴다. 중국 팹리스 업체들의 성장 배경에는 정부의 강력한 지원(파운드리 비용 30% 지원)과 이를 바탕으로 한 공격적인 M&A 전략 등이 있다.

중국 팹리스 업체들은 자국 스마트폰 브랜드에 반도체를 공급하며 빠르게 성장했다. 중국 최대 팹리스인 하이실리콘HiSilicon은 현재 세계적인 수준까지 올라와 있다고 평가받는다. 2004년 심천에서 설립된 하이실리콘은 중국 화웨이의 100% 자회사다. 통신 모뎀칩

중국과 세계 반도체 공정별 매출액 비교

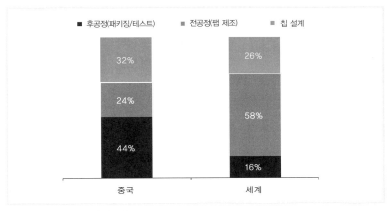

자료: 프라이스워터하우스쿠퍼스(PwC)

과 스마트폰용 AP 등을 주로 만들고 있다. 하이실리콘은 자체 개발한 AP '기린' 시리즈를 모회사 화웨이에 공급하고 있다. 2014년 기준으로 세계 8위이며 매출액은 4조 원에 육박한다.

2014년 기준으로 전 세계 50위권 팹리스 업체 중 중국 업체가 9개나 자리 잡고 있다. 반면 한국의 팹리스 업체들은 상위 25개 업체 중에서 찾아볼 수 없다. LG그룹 계열사인 실리콘웍스Silicon Works가 유일하게 37위를 차지하고 있는 정도다. 팹리스 분야에서는 중국이 한국을 압도하는 분위기다.

팹리스와 더불어 중국 내에서 빠르게 성장하고 있는 분야가 바로 파운드리다. 팹리스 업체가 설계도면을 주면 그대로 만드는 수탁생산업체들이다. 대표적인 업체는 SMIC로 현재 세계 5위다. 이

중국 팹리스 업체 매출액 동향

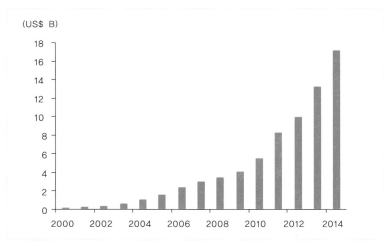

(US$ B)

자료: PwC

중국 팹리스 업체 수 동향

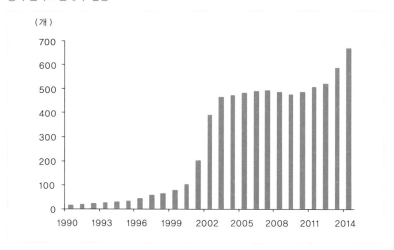

(개)

자료: PwC, 한국반도체산업협회

외에도 세계 파운드리 분야 20위권 내에 중국 업체가 5개(화홍그레이스HHGrace, CRM, 화리, WXS, ASMC)나 더 있다. 한국은 삼성전자 1개뿐이다.

2000년에 설립된 SMIC는 2002년 독일 인피니언Infineon Technologies AG과 일본 엘피다의 D램을 위탁생산하면서 성장하기 시작했다. 지금은 중국의 거대한 내수시장을 기반으로 저사양 AP, CIS(이미지센서), PMIC(전력관리반도체) 등을 위탁생산하고 있다. SMIC는 2015년 28nm 공정 기술을 적용해 퀄컴의 보급형 AP를 생산하면서 세계시장에서도 어느 정도 기술력을 인정받기 시작했다. 2016년 6월에는 이탈리아 업체인 엘파운드리Lfoundry의 지분 70%를 4900만 유로(약 600억 원)에 인수하기도 했다. 나머지 업체들도 나름의 강점이 있다. 중국 3위 CRM은 중국 내수시장에 특화된 설계 기술로 빠르게 성장하고 있다. WXS도 낸드플래시와 이미지센서 수탁생산 분야에서 나름의 기술력을 갖고 있는 것으로 알려져 있다.

물론 중국 파운드리의 수준은 대만의 TSMC나 UMC, 한국의 삼성전자, 미국의 글로벌파운드리GlobalFoundries 등과 비교했을 때는 아직 미흡하다. 하지만 거대한 내수시장이 있는 데다 최근엔 자체 지적재산권도 대거 확보하고 있다는 점에서 업계를 긴장시키고 있다. 물론 정부의 지원도 무섭다. 중국 정부는 세계 1위 팹리스 업체인 퀄컴에 1조 원이 넘는 과징금을 부과한 뒤, SMIC와 합작사를 세우도록 사실상 '강요'하기도 했다. 이 얘기는 뒤에서 다시 상세히 다

순위	회사명	국가	2015	2014	2013	2012	2011
1	TSMC	대만	26,439	24,975	20,113	16,951	14,299
2	글로벌파운드리	미국	5,019	4,365	4,550	4,013	3,195
3	UMC	대만	4,464	4,251	4,172	3,730	3,760
4	삼성전자	한국	2,670	2,590	3,950	3,439	2,192
5	SMIC	중국	2,236	1,970	2,069	1,542	1,320
6	파워칩	대만	1,268	1,291	1,182	625	374
7	타워재즈	이스라엘	961	828	505	639	611
8	후지쯔	일본	870	645	440		
9	밴가드	대만	736	790	713	582	520
10	화홍그레이스	중국	650	665	585	677	619
11	동부하이텍	한국	593	541	452	540	500
12	IBM	미국		519	495	432	420
13	엘 파운더리	이탈리아	502	399	298		130
14	X 팹	독일	380	345	290	259	290
15	매그나칩	한국	365	360	367	400	350
16	차이나 리소스 마이크로일렉트로닉스	중국	338	318	279		
17	상하이 화리	중국	320	296	111		
18	우한신신반도체	중국	290	174	157		90
19	SSMC	싱가포르	260	243	225		345
20	ASMC	중국	139	132	116	130	150

자료: IC Insights

룰 예정이다.

　후공정 분야는 앞서 언급한 대로 세계 최고 수준이다. 낮은 인건비를 바탕으로 미리부터 산업을 키워왔다. JCET는 2015년 세계 4위 후공정 업체인 싱가포르의 스태츠칩팩STATSChipPAC을 인수하며 글로벌 업체로 탈바꿈했다. 스태츠칩팩은 한국, 중국, 말레이시아, 대만에 생산법인을 갖고 있으며 미국과 유럽의 주요 반도체 업체가 고객사다. 이외에도 세계 13위인 티엔수이환티안Tianshui Huatiau과 18

위인 난통후지츠Nantong Fujitsu 등이 중국 업체다.

　반도체 장비 및 소재 분야는 아직 중국이 제대로 진출하지 못한 곳이다. 반도체 장비는 기술적 진입장벽이 높고 반도체소자 업체들과의 오랜 협업 경험을 바탕으로 기술력을 축적해야 하기 때문이다. 신규 업체들이 단기간에 진출하기는 매우 어려운 분야다. 최근 중국 업체들은 반도체장비시장 확대를 위해 해외 업체 인수에 나서고 있다. 2016년 5월 중국의 푸젠그랜드칩인베스트먼트펀드FGCIF가 독일 반도체장비 업체 '아익스트론AIXTRON'을 6억 7000만 달러(약 7490억 원)에 인수하려 했던 것이 대표적이다. 독일과 미국 정부가 국가 안보를 이유로 인수를 무산시키긴 했지만, 중국이 장비 쪽에서도 만만치 않은 야심을 갖고 있다는 방증이었다는 게 업계의 분석이다.

　중국 정부가 반도체 산업을 육성하기 위해 끼워 맞춰야 하는 마지막 퍼즐이 바로 한국이 장악하고 있는 메모리반도체다. 이 분야에서 중국의 투자는 무서울 정도다. 그 중심에는 칭화유니그룹이 있다. 칭화유니그룹은 그 전에는 잘 알려지지 않은 회사였다. 하지만 2015년 7월, 세계 3위 메모리반도체 업체인 미국의 마이크론테크놀로지를 230억 달러(약 25조 7000억 원)에 인수하겠다고 제안하면서 세계를 놀라게 했다. 같은 해 11월, SK하이닉스에 지분 15~20%를 투자하는 동시에 중국에 낸드플래시라인을 합작해 만들자고 타진하기도 했다. 하이닉스는 거절했지만 칭화유니그룹의 추진력은

칭화유니그룹의 자오웨이궈(趙偉國)
회장
자료: 칭화유니그룹

칭화유니그룹 본사
자료: 칭화유니그룹

다시금 세계를 놀라게 했다.

　1988년에 설립된 칭화유니그룹은 중국 정부 소유의 칭화홀딩스
가 지분 51% 보유하고 있는 국영 기업이다. 현재 중국 최대 반도체
업체다. 중국 명문 칭화대의 연구소에서부터 출발했다. 칭화유니그
룹이 시장에서 주목받기 시작한 것은 2013년 M&A에 본격적으로
나서면서부터다.

　칭화유니그룹은 2013년 팹리스 업체인 스프레드트럼Spreadtrum과
RDA마이크로일렉트로닉스RDA Microelectronics를 잇따라 인수하며 반

도체시장에서 존재감을 드러내기 시작했다. 두 회사를 인수하는 데약 2조 원을 썼다. 2015년부터는 통이 더 커졌다. 마이크론 인수 제안을 시작으로 자회사인 유니스플렌더Unisplendour를 통해 미국 하드디스크 업체 웨스턴디지털Western Digital의 지분 15%를 약 4조 5000억원에 인수하겠다고 발표했다. 웨스턴디지털은 샌디스크SanDisk의 대주주라는 점에서 시장은 다시 한 번 경악했다. 샌디스크는 모바일기기 저장장치를 생산하는 회사다. 미국시장 내 입지가 막강할 뿐아니라 낸드플래시 관련 지식재산권도 많다. 삼성전자가 매년 4000억 원가량의 로열티를 낼 정도다.

이뿐만이 아니다. 낸드시장 2위인 일본 도시바와 2005년부터 제휴해 낸드플래시 생산라인 3개를 공동투자(50 대 50)해 운영 중이다. 이를 통해 지난 2분기 세계 낸드시장점유율(14.8%) 4위를 기록하고 있다. 게다가 샌디스크는 한국 메모리 업계에선 '눈엣가시' 같은 존재다. 설립 초기엔 삼성전자에서 낸드를 사들여 제품으로 가공해 팔았지만, 2005년부터는 일본 도시바 제품을 쓰면서 한국 업계와는 완전히 등졌다. 삼성전자가 2008년 샌디스크를 58억 달러에 인수하려 했지만 샌디스크 이사회가 강력히 반대해 실패했었다. 칭화유니그룹은 이 기업 인수를 통해 낸드플래시시장에 뛰어들려고 한 것이었다.

이외에도 2015년 11월 SK하이닉스와 미디어텍Media Tek에 지분인수를 제안했으며, 2015년 12월에는 반도체 패키징 업체 SPIL과

칩모스ChipMOS의 지분을 각각 25%씩 확보(17억 달러, 3억 6000만 달러 투자)했다. 비록 지난 2016년 2월 미국 정부의 반대로 웨스턴디지털 Western Digital 인수를 철회했고, 2016년 12월 대만 정부의 반대로 칩모스 인수 역시 차질을 빚었지만, 칭화유니그룹의 공격적인 행보는 시장을 놀라게 하기에 충분했다.

해외 M&A에 잇따라 실패한 칭화유니그룹은 자국 내로 눈을 돌렸다. 중국 정부가 운영하는 반도체 펀드의 중재로 자국의 XMC를 인수했다. XMC는 앞서 언급한 대로 3D 낸드를 개발하고 있는 회사다. 칭화유니그룹은 자사의 반도체 생산 사업과 XMC를 합쳐 창장반도체를 설립했다. 칭화유니그룹의 자본력과 XMC의 만만치 않은 기술력이 합쳐진 셈이다. 그리고 2017년 1월 연초부터 칭화유니그룹은 '중국 반도체 굴기'를 위한 청사진을 다시 한 번 제시한다. 자오 회장은 우한, 청두, 난징 등 3개 지역에 총 700억 달러(약 78조 원)를 투자해 반도체라인을 설립한다고 발표했다.

우한에 위치한 창장반도체는 총투자비 240억 달러(약 26조 8600억 원)를 투입해 2018년 양산을 목표로 3D 낸드 전용라인을 설립하고 있다. 또 청두와 난징에 460억 달러(약 51조 4900억 원)를 투자해 두 개의 또 다른 반도체라인을 세우겠다는 계획이다. 업계에서는 삼성전자나 SK하이닉스가 창사 이래 이제껏 반도체라인에 투자한 금액 총계를 각각 100~120조 원 정도로 추산하고 있다. 이를 보면 '84조 원 투자 발표'가 얼마나 어마어마한 규모인지 알 수 있다.

칭화홀딩스의 지배 구조

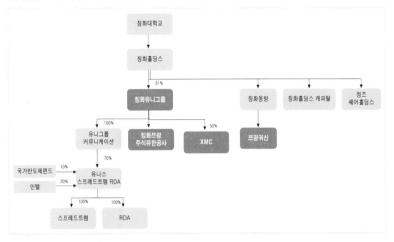

자료: 블룸버그, 유진투자증권

　　2015년부터 2017년 1월까지 중국과 범중화권 업체들이 발표한
반도체 투자 계획은 총 8건이다. 투자 금액은 1120억 달러(약 125조
3800억 원)에 달한다.

　　이 같은 중국의 과감한 투자는 성공할까. 필자는 가능성이 높다
고 본다. 반도체 산업 육성에서 가장 중요한 것이 자금이기 때문이
다. 2015년 6월 중국 정부는 반도체를 국산화하는 데 향후 10년간
1조 위안(약 161조 4700억 원)을 투자할 것이라고 발표했다. 이는 세계
최대 반도체 업체인 인텔이 지난 10년간 시설 투자와 연구개발에
사용한 금액과 맞먹는다.

　　반도체 산업을 키우려면 상상을 초월하는 돈이 들어간다. 웬만
한 메모리반도체 공장 하나를 지으려면 최소 5조 원, 최대 15조 원

중국 및 중화권 업체들의 반도체라인 투자 계획

날짜	업체	지역	투자금액	반도체
2015년 3월	UMC	중국 푸젠성 샤먼	US$ 62억	
2015년 3월	파워칩	저장성 허페이	US$ 135억	LCD Drive IC
2015년 3월	드케마	장쑤성 화이안	US$ 20억	이미지센서
	AOS	쓰촨성 충칭	US$ 7억	
	칭화유니그룹	광동성 선전		D램, 낸드
2016년 3월	칭화유니그룹(XMC)	후베이성 우한	US$ 240억	3D 낸드
	TSMC	장쑤성 난징	US$ 195억	
2017년 1월	칭화유니그룹	쓰촨성 청두	US$ 230억	
2017년 1월	칭화유니그룹	장쑤성 난징	US$ 230억	

자료: 넷트러스트(netrust)

까지 소요된다. 이 정도 투자금을 스스로 벌 수 있는 업체들은 많지 않다. 삼성전자와 SK하이닉스 정도를 제외하고는 세계적으로 스스로 돈을 벌어서 공장을 지을 수 있는 메모리반도체 업체는 없는 것이나 마찬가지다.

대만 메모리반도체 업체들이 투자금 부족으로 시장에서 밀려난 것이 대표적인 사례다. 2000년대 중반까지만 해도 세계시장에서 대만 업체들의 비중은 적지 않았다. 하지만 무너지는 건 한순간이었다. 업체들 간 경쟁이 치열한 와중에 2008년 글로벌 금융위기와 2012년 유럽 재정위기를 잇따라 맞으며 업체 간 명운이 갈렸다. 충분한 현금과 기술경쟁력을 확보하고 있던 삼성전자와 SK하이닉스는 살아남았지만 대만 업체들은 한순간에 무너졌다. 일본의 엘피다는 실적 부진을 거듭하다 2012년 7월에 미국의 마이크론테크놀로

중국 정부의 주요 IC 산업 지원 정책

정책	주요 목요 및 내용	기관	발표
중국제조	2025년부터 향후 30년간 10년 단위로 3단계에 걸쳐 산업고도화를 추진하는 전략으로, 10대 핵심 산업 분야와 5대 중점 프로젝트 계획을 제시		2015년 5월
인터넷 플러스	모바일 인터넷, 빅데이터, 사물인터넷, 클라우드 컴퓨팅 등을 제조업과 융합시켜 전자상거래, 인터넷 금융 등의 발전을 이루고, 중국 인터넷 기업이 글로벌 시장에서 입지를 다지는 것이 목표		2015년 3월
2015년 공업 육성 실시	반도체, 신형 인식기기, 스마트 측정기기, 공업 소프트웨어, 로봇 등 향후 10년간 핵심 기초 부품의 국산화율 70% 목표		2015년 3월
국가 IC 산업 투자기금 설립	반도체 산업 지원 목적의 국부펀드 조성, 향후 4년간 직접투자 및 인수합병 등 반도체 산업 육성 적극 지원		2014년 10월
국가 반도체 산업 발전 추진 요강	2020년까지 중국 반도체 산업 수준을 세계 첨단 수준으로 끌어올리고, 업계 전체 매출 연평균 성장률을 20% 이상 향상	국무원	2014년 6월
내수 확대 위한 정보 소비 촉진	지방 정부의 IC 융자개혁 방식 탐색 지시와 IC 산업 투자기금 설립 격려, 사회자금이 집적회로 산업에 투입되도록 인도	국무원	2013년 8월
12. 5 국가 전략적 신흥 사업 발전 규획	IC 혁신발전 프로젝트 실행, 2015년 IC 설계 산업 생산비중 15% 향상, 고성능 IC 자체 개발 능력 제고, 독창적 칩 제조 공정 기술, 첨단 패키징/테스트, 기술/핵심 설비/소재기술 돌파 위한 R&CD 강화	국무원	2012년 5월
집적회로 산업 12. 5 발전 규획	12. 5 규획 기간 IC 매출 연평균 18% 성장 달성, 글로벌 IC 시장점유율 15% 목표	공업정보화부	2012년 2월
전자정보 제조업 12. 5 발전 규획	완제품과 칩, 부품, SW 간의 연동 프로젝트를 실행해 완제품이 칩 기술 발전을 이끌고 칩이 완제품 시스템 경쟁력을 향상시키는 선순환 실현	공업정보화부	2012년 2월
12. 5 과학기술 발전 규획	핵심 전자부품, 최첨단 통용 칩 및 기반 SW 제품 개발, 대규모 IC 제조장비 및 공정 기술 개발	과학기술부	2011년 7월
SW 산업 및 IC 산업 발전 격려	조세보조금 대상 및 보조 범위, 관세, 기업소득세, 부가가치세 등 세후 지원법 세부 규정 제시	국무원	2011년 1월

자료: 산업연구원

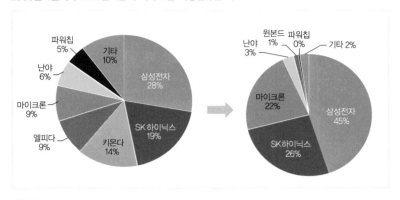

자료: IDC

지에 인수됐다. 그 결과 앞서 설명한 대로 시장은 3개 회사가 과점하게 된 것이다.

메모리반도체는 공정 기술 개발 과정에서도 엄청난 투자가 요구된다. D램의 경우 회로선폭을 줄이면 생산성이 높아지고 성능도 좋아진다. 다른 업체는 선폭을 줄였는데 내가 줄이지 않으면 시장에서 퇴출된다. 그러므로 매년 공정 기술 개선만을 위해서 수조 원씩의 투자금을 계속 쏟아부을 수밖에 없다. 작은 업체들이 버틸 수 없는 이유다.

이런 점에서 중국이 무섭다. 중국의 국가 자금력은 사실상 무한대이기 때문이다. 지금은 기술 격차가 크지만 지속적으로 엄청난 자금을 투입할 경우 시장은 어떻게 바뀔지 모른다. 또한 중국의 거대한 내수시장에 주목해야 한다. 앞서 설명한 것처럼 중국 IT 업체들이 빠르게 성장할 수 있었던 것도 바로 내수시장의 힘이었다.

　그렇다면 중국이 거대한 내수시장을 갖고 있는 게 얼마나 유리한 걸까. 필자가 만났던 한 팹리스 업체(반도체 설계 업체) 사장이 들려준 얘기다. 이 회사는 삼성전자에 스마트폰용 시스템반도체를 납품하는 업체다. 10여 년간 꾸준한 기술 개발로 2014년엔 500억 원이 넘는 매출을 올린 견실한 업체가 됐다. 2010년대 초반 몇몇 중국 업체들도 삼성전자에 납품하고자 문을 두드렸다. 그러나 기술력도 부족했고 납품 실적도 없었기 때문에 당시에는 경쟁이 되지 않았다. 그러나 불과 5년 만에 상황은 완전히 바뀌었다. 중국 팹리스업체는 정부의 지원으로 자국 스마트폰 업체들에 엄청난 양을 공급하면서 성장했다. 그 결과 불과 5년 만에 매출액은 5000억 원 수준으로 커졌고, 기술력도 키워 2015년에 다시 삼성전자의 문을 두드렸다. 다른 기업에 납품 실적도 충분하고 매출도 커진 만큼 삼성전자 입장에서도 마다할 이유가 없었다. 이 사장은 "차라리 본사를 중국으로 옮기고 중국 회사로 만들었으면 자신의 회사도 글로벌 기업으로 성장할 수 있을 것 같다"고 말할 정도였다.

　현재로선 중국과 한국의 메모리반도체 기술 격차는 크다. 하지만 상황은 과거 스마트폰, TV, LCD 때도 마찬가지였다. 그때도 "기술 격차가 커 중국이 한국을 따라잡긴 쉽지 않을 것"이라는 주장이 많았다. 그러나 불과 10년 만에 중국은 한국을 따라잡았다. 최근 투자를 시작한 중국 최초의 D램 업체인 푸젠진화반도체JHICC의 초기 투자 금액은 6조 원이다. 1차 공정 기술 목표는 32nm다. 삼성전자는 이제껏 100조 원이 넘는 돈을 D램에 쏟아부었고, 현재 18nm D램을 만들고 있다. 기술 격차는 10년 이상이다. 그러나 만약 중국의 비보나 오포가 전략적으로 푸젠진화반도체의 D램을 써준다면 어떨까. 가격이 조금 비싸고 성능이 떨어지지만 중국 정부가 엄청난 보조금을 동원해 이들을 도와준다면 어떻게 될까. 그리고 수많은 중국 내수시장 소비자들의 사용 경험을 바탕으로 빠른 시일 내에 기술 개발을 이뤄낸다면? LCD 때도, TV 때도, 스마트폰 때도 중국은 같은 전략을 썼다. 물론 반도체는 LCD보다 훨씬 만들기 어렵다. 하지만 과거 우리도 기적적으로 일본을 따돌리지 않았나. 우리가 맨바닥에서도 이뤄낸 일을 중국이 이뤄내지 못할 이유는 없다.

물론 반론도 있다. 많은 전문가들이 반도체는 LCD와 다르다고 강조한다. LCD는 좋은 장비만 사면 약간의 시행착오를 거쳐 만들 수 있지만 반도체는 다르다. 각자 만드는 노하우가 다르다. 이 노하우를 얻어내기 위해서는 수많은 시행착오가 뒤따른다. 돈만 투자하고 장비만 산다고 되는 게 아니라는 뜻이다. 한국이 30년 이상 쌓아온 기술을 단숨에 따라잡기는 쉽지 않을 것이라는 설명이다. 중국도 이 같은 문제를 잘 알고 있다. 그래서 택한 방법이 M&A다. 돈은 충분한 만큼 선두권 업체를 인수해 문제를 단숨에 해결하겠다는 복안이다. 하지만 여기에도 걸림돌은 있다. 반도체 선진국인 미국은 산업 보안을 이유로 중국이 자국 업체를 인수하지 못하게 막고 있다.

그래서 중국이 눈독을 들이는 것이 바로 한국의 장비·소재 업체들이다. 한국의 장비·소재 업체들은 그간 삼성전자, SK하이닉스, LG디스플레이 등에 납품하며 경쟁력을 키워왔다. 세계 선두권에 준하는 경쟁력을 가지고 있다. 중국은 이들을 노리고 있다. 장비·소재 업체들 쪽에서도 "중국에 팔리고 싶다"는 속내를 털어놓기도 한다. 한국에서는 대기업과 거래하며 낮은 이익만 얻으면서 계속 '중소기업'으로 살 수밖에 없기 때문이다. 한국 중소기업 중 대기업 구매팀의 횡포에 가까운 가격 협상에 시달려보지 않은 업체가 없을 정도다. 이들은 차라리 중국에 팔려 거액을 손에 넣거나 중국 업체와 합작법인을 세워 중국 증시에 상장하고 싶어 한다. 자칫하다가 한국의 반도체 산업 뿌리를 중국에 내줄 수도 있다는 게 업계의 우려다.

슈퍼컴퓨터로 본
중국의 반도체 기술

—
2
—

중국의 반도체 기술 수준을 알아볼 수 있는 또 하나의 척도가 슈퍼컴퓨터다. 슈퍼컴퓨터야말로 극한의 프로세서 성능이 필요하기 때문이다. 중국은 이미 슈퍼컴퓨터 분야 세계 최강국이다.

슈퍼컴퓨터는 한 국가의 과학 기술 수준을 측정할 수 있는 척도다. 슈퍼컴퓨터의 성능을 측정하는 단위는 플롭스FLOPS다. 플롭스는 FLoating-point OPerations per Second의 약자로 1초 동안 컴퓨터가 연산 가능한 부동소수점의 횟수를 가리킨다. 슈퍼컴퓨터의 성능이 향상되면서 최근에는 페타플롭스PF, Peta Flops가 기본단위로 쓰이기 시작했다. 1페타플롭스의 컴퓨터는 1초에 1000조 번의 부동소수점 연산이 가능하다. 웬만한 가정용 컴퓨터보다 1억 배 정도 빠른 처리 속도라고 보면 된다는 게 전문가들의 설명이다. 페타플롭스가 기본단위로 쓰이기 시작한 것은 2008년 미국 IBM의 로드러너Roadrunner가 최초로 페타플롭스 성능을 달성하면서부터다.

매년 6월 유럽 ISCInternational Supercomputing Conference와 11월 미국 SCSupercomputing Conference에서는 전 세계 슈퍼컴퓨터의 성능에 따라 순위를 매긴다. 이 중 1위를 차지하고 있는 게 바로 중국의 선웨이 타이후라이트Sunway TaihuLight다. 2위도 중국이다. 2014년 6월부터 세계 1위로 등극한 텐허2호Tianhe-2가 2016년 6월부터 왕좌를 선웨이에 내주었다.

선웨이와 텐허2호는 근본적인 차이가 있다. 텐허2호는 인텔이 개발한 CPU를 쓰는 반면, 선웨이는 중국이 자체 개발한 CPU를 쓴다. 텐허2호 때는 '미국산' 두뇌를 빌려 썼지만, 선웨이는 '중국산' 두뇌를 쓴다는 얘기다. 중국인들은 이에 대해 큰 자부심을 갖고 있다. 2016년 11월 기준 선웨이의 속도는 93페타플롭스로, 33페타플롭스인 텐허2호에 비해 3배가량 빠르다. 3위인 미국 타이탄Titan의 속도는 17페타플롭스다.

최근 3년간 세계 슈퍼컴퓨터 순위

순위	2016. 11	2016. 06	2015. 11	2015. 06	2014. 11	2014. 06
1	선웨이	선웨이	텐허2호	텐허2호	텐허2호	텐허2호
2	텐허2호	텐허2호	타이탄	타이탄	타이탄	타이탄
3	타이탄	타이탄	세콰이어	세콰이어	세콰이어	세콰이어

자료: Top 500

중국 반도체 산업의 실체 /

2016년 11월 기준 세계 슈퍼컴퓨터 순위

1위: 선웨이(중국)

2위: 텐허2호(중국)

3위: 타이탄(미국)

자료: 바이두(Baidu)

　슈퍼컴퓨터는 최근 위성통신, 군사 용도(모의 핵실험 및 해킹)로 많이 쓰이고 있다. 미국 정부는 이 같은 점을 의식해 인텔에 중국으로 슈퍼컴퓨터용 CPU를 수출하지 말라고 지시했다. 하지만 중국은 보란 듯이 인텔 칩 없이 자체 기술로 1위를 차지한 것이다.

　세계 500위권 슈퍼컴퓨터를 살펴보면 미국과 중국산이 350여 개에 이른다. 일본은 20대 정도이고 한국은 4대뿐이다. 일본은 이 같은 상황을 뒤엎겠다는 의지가 강하다. 일본 정부는 2000억 원가량을 투자해 2017년까지 세계 1위를 노리겠다고 발표하기도 했다. 한국의 미래창조과학부도 2025년까지 30페타플롭스 수준의 슈퍼컴퓨터를 개발하기 위해 1000억 원을 투자하겠다고 최근 발표했다. 그래 봐야 중국 선웨이의 3분의 1 정도의 속도밖에 안 된다. 물론 슈퍼컴퓨터와 반도체 기술이 완전히 일치하는 것은 아니다. 하지만 슈퍼컴퓨터는 그 나라의 컴퓨팅과 반도체에 대한 육성 의지를 읽을 수 있는 척도라는 게 업계 전문가들의 설명이다.

반도체시장 M&A의 큰손
'중국 반도체 펀드'의 정체

3

빅펀드를 움직이는 사람들

가슴이 설렌다는 말을 중국어로 '心动(심동)'이라고 쓰고 '신동'이 라고 발음한다. 반도체는 중국어로 '芯片(심편)'이라고 하며, 첫 글 자의 발음도 역시 '신'이다. 혼다의 중국시장 자동차 광고는 芯动 行动이란 슬로건을 사용하고 있다. "(자동차가) 반도체로 움직이니 행동에 옮기자(구매하자 또는 이 차를 타고 출발하자)"라는 의미다.

마음 심心자와 발음은 같으나 반도체를 의미하는 심芯을 쓴 것이 다. 얼핏 들으면 "(자동차가) 가슴을 설레게 하니 행동에 옮기자(구매 하자 또는 이 차를 타고 출발하자)"란 의미로 들리기도 한다. 간결하면서 도 반도체가 자동차에서 차지하는 중요성을 나타내는 문구다.

혼다가 중국시장에 내놓은 자동차 광고

세계 최대의 전자박람회인 미국 라스베이거스 CES에는 자동차가 전시품으로 등장한 지 오래다. 자동차가 휘발유나 가솔린으로 간다는 말을 넘어, 자동차는 반도체로 움직인다는 표현이 점점 자리 잡아가고 있다. 반도체의 사용처가 점점 확산되고 있다는 증거다. 그만큼 시장도 커질 것이라는 뜻이다. 중국은 무서운 속도로 커지는 글로벌 반도체시장에서 주도권을 장악하기 위해 총력을 기울이고 있다.

이 과정에서 중심 역할을 하는 게 '중국 국가 시스템반도체 산업 육성기금'이다. 업계에서는 통상 '빅펀드big fund'로 불린다. 이 펀드는 2014년 9월 런칭됐다. 반도체 관련 기업들을 사는 게 목적이다.

빅펀드를 이해하면 중국 반도체의 현재와 미래를 알 수 있다. 중국은 자국 반도체 산업의 빈 공간을 M&A로 메우려 하고 있고, 그 역할을 빅펀드가 맡고 있다.

빅펀드는 '국가 시스템반도체 산업 투자기금 주식유한공사'(이하 빅펀드 운용사로 약칭)가 운영한다. 이 빅펀드 운용사는 중국 재정부를 비롯한 9개사의 발기인으로 구성되어 있다. 주주는 발기인 9개사를 포함한 16개사로 이루어져 있다. 총출자 목표는 9872억 위안(약 160조 8300억 원)이다.

빅펀드 운용사 이사회 명단

연번	성명	직책	원소속
1	왕잔푸(王占甫)	이사장	중국 공업정보화부 재정국 국장
2	딩원우(丁文武)	이사 겸 총경리	빅펀드 운용사 총경리
3	왕샤오보(王晓波)	이사	베이징이좡 국제투자발전 유한회사(北京亦庄国际投资发展有限公司) 총경리
4	펑펑시(冯鹏熙)	이사	우한금융지주(그룹) 유한회사(武汉金融控股(集团)有限公司) 부총경리
5	주민(朱敏)	이사	사이버난트투자그룹 유한회사(赛伯乐投资集团有限公司) 이사장
6	한징원(韩敬文)	이사	중국연초총공사(中国烟草总公司) 재무관리 및 감독국 부국장
7	팡페이치(方培琦)	이사	상하이궈성(그룹) 유한회사(上海国盛(集团)有限公司) 부이사장
8	왕이앤신(王彦欣)	–	중국 재정부 기관서비스국 국장
9	루쥔(路军)	이사	궈카이금융 유한책임회사(国开金融有限责任公司) 부총재
10	딩웨이(丁伟)	감사	
11	순샤오동(孙晓东)	감사	

자료 : 빅펀드 운용사 자료를 바탕으로 필자 정리

빅펀드 운용사의 이사회는 11명으로 구성된다. 이사회의 책임자는 중국 공업정보화부 재정국의 왕잔푸 국장이 맡고 있다. 2명의 감사와 8명의 이사가 있으며, 딩원우 이사는 펀드를 실제로 운영하는 총경리를 겸임한다.

펀드 운용 전문가들로 구성된 이사회의 구성원을 간략히 소개한다. 왕잔푸 이사장과 딩원우 총경리는 이 책의 다른 부분에서 소개하기 때문에 여기서는 생략한다.

베이징이좡 국제투자발전 유한회사 총경리인 왕샤오보는 2011년부터 이 회사에서 근무 중이다. 베이징이좡은 넥스티어Nexteer와 ISSI 인수합병, BOE 및 SMIC 2기공장 투자에 참여한 바 있는 국영 투자회사다. 2013년 8월부터는 미국 GE의 자회사인 넥스티어에서 비상임이사로서 경영전략수립 업무도 맡고 있다. 넥스티어는 자동차 연구개발 및 제조 기업으로 자율주행차량의 개발에도 연결될 수 있는 경력이다.

영어학 전공으로 중국 내몽고대학을 졸업한 뒤 2004년까지 베이징시 경제기술개발구에 근무한 바 있다.

펑펑시는 우한금융지주(그룹) 유한회사 부총경리로 창장통신의 이사도 겸하고 있다. 1974년 후베이성에서 태어나 특허금융분석사 자격증, 경제학 박사 등을

취득했다. 중국은행에서 부채관리 업무도 담당했다. 화공과기 주식
유한회사에서 투자부 부장을 역임하고, 창장통신산업그룹 유한회사
에서 프로젝트 투자부 부장을 지냈다. 자금 투자 및 관리에 정통한
베테랑이다.

사이버난트는 주민 이사장이 2005년에 설립한 펀드
운용사다. 1948년 저장성 닝보에서 태어난 주민은
1977년 저장농업대학 트랙터 설계 및 제조 전공으로
입학, 졸업 후 닝보냉장고 공장에 취직했다. 1982년 저장대학 경영
학과에서 석사과정을 밟기 시작, 1984년 수석으로 졸업한 뒤 미국
스탠포드대학으로 유학을 떠났다. 중국인 가운데 중국 정부 장학금
으로 스탠포드대학에서 유학한 첫 번째 사례로 기록된다. 주민은
미국 생활 중 미국 언론과 실리콘밸리 업계로부터 미래 기술 예언
가라고 불릴 만큼 실력을 인정받았다.

1959년생인 한징원은 현재 국가연초전매국(중국연초
총공사) 재무관리 및 감독국의 부국장이다. 2016년 12
월부터 중국 초상은행의 이사도 겸임하고 있다. 예산
관리의 효율성 제고에 역점을 두는 인물로 알려져 있다. 빅펀드운
용사 이사로서 꼭 필요한 기업과 분야에 자금이 지원되는지 감독
역할을 하고 있다는 게 업계의 전언이다.

팡페이치는 반도체 업계에서 잔뼈가 굵은 인물이다. 현재는 장비 업체인 상하이궈성에서 일하고 있다. 웨이퍼 생산 기업인 상하이벨링Shanghai Belling, 상하이시스템반도체 연구개발센터 등에서도 일했다. 빅펀드 이사회 멤버 중에서는 드물게 엔지니어 출신이다. 1961년에 태어났고 상하이교통대학 경영학 석사 학위를 갖고 있다.

빅펀드 발기인 가운데 중국 재정부는 가장 많은 금액을 출자하고 있다. 이사회에 소속되어 있으나, 이사나 감사 등의 직책은 따로 갖지 않는다. 왕이앤신은 현재 중국 재정부 기관서비스국 국장으로 일하고 있다. 1957년 출생으로 중국인민대학에서 경제학 석사 학위를 취득하고, 중국 국무원 국유자산감독관리위원회의 인사담당 처장, 재정부 국고지출국 부국장을 역임했다. 왕이앤신은 앞에 나서기보다 보이지 않는 곳에서 헌신하는 스타일로 평가받고 있다.

궈카이금융은 2009년 설립된 이래 반도체 이외에도 신에너지, 장비 제조, 신도시 건설 등 중국 정부가 역점을 두는 굵직한 사업에 투자해오고 있다. 궈카이금융의 부총재인 루쥔은 중국 국가개발은행 근무 당시 상하이분행의 부행장, 투자업무국 산업조정혁신처 처장 등을 역임했다. 산업 구조조정, 펀드 관리 등의 분야에서 다양한 경험을 갖추고 있는 인물로 평가받는다. 중국 LCD 업계의 구조조정과 중국 동북3성의 장비 제조 산업 구조조정, 중국-이스라엘 간 창업투자기금 관리, 중국 내 최초의 창업투자 모태펀드 설립 등을 담당한 펀드운용 전문가다. 남경대학 상학원에서 EMBA 석사 학위를 취득했다.

빅펀드의 주요 주주들이 2014~2015년간 출자한 결과를 보면 중국 재정부, 궈카이금융, 중국연초총공사, 베이징이쫭 등 국가 기관 및 국유 기업의 참가 비중이 절대다수를 차지하고 있는 것을 알 수 있다. 이들 4개 기관 및 기구의 출자액 비중은 78%에 가깝다. 미국 등 선진국에서 빅펀드 운용사를 앞세운 중국의 반도체 펀드 지원이 정부보조금이라고 공격하는 이유다.

가장 큰 비중을 차지하는 재정부는 중국 중앙 정부다. 투자 비중 순서로 3위인 중국연초총공사, 7위 중국이동통신, 4위 베이징이쫭은 국영 기업이다. 2위 궈카이금융과 5위 우한금융도 대부분 국책 프로젝트에 참여한다.

빅펀드가 설립된 건 2014년이다. 그전에 중국 반도체 업계는 외국과의 협력을 통해 성장하려는 분위기였다. 하지만 빅펀드 설립 이후에는 M&A로 방향을 틀었다. 이전에는 편하게 만나주던 외국 기업이나 언론, 투자 기관과도 빅펀드 설립 이후에는 거의 접촉을 끊는 분위기였다.

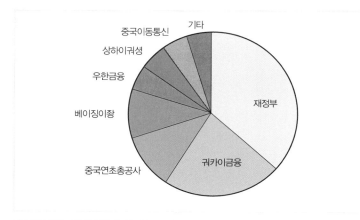

2014~2015년간 빅펀드 주요 주주들의 출자 비중

자료: 중국 빅펀드 운용사 관련 자료를 바탕으로 필자 정리

　필자는 빅펀드의 속내를 들어보기 위해 여러 차례 인터뷰를 시도했다. 여러 통로를 거쳐 어렵게 빅펀드 운용사의 연락처를 찾아 사흘간 3~4차례 통화한 결과, 2016년 8월 말에 방문 수락을 받아냈다. 빅펀드 측에서는 "한국 등 외국 기업은 빅펀드의 설립 목적과 무관한데 당신이 왜 빅펀드 운용회사를 만나야 하는가, 설령 만난다 하더라도 무슨 할 이야기가 있는가" 하는 식으로 계속 캐물었다. 원래 딩원우 총경리와의 만남을 요청했으나 바쁘다는 핑계로 부총경리 중 한 명과 약속이 잡혔다. 그는 자료에 이름이 언급되는 걸 거부했고 인터뷰도 짧게 허락했다. 그러나 빅펀드의 운용 원칙을 다시 한 번 확인할 수 있는 자리였다. 대화 내용을 다음과 같이 간략히 정리한다.

▷ **빅펀드에는 외국 기업도 참여할 수 있나?**

"외국 기업도 빅펀드에 참여 가능하며 적극 환영한다. 단 투자를
희망한다고 해서 누구나 참여할 수 있는 것은 아니고, 중국 정부
와의 소통을 통해 정해진다. 삼성과 인텔 등 글로벌 반도체 기업
과는 고위층 간 긴밀한 연락이 오가고 있다."

▷ **외국 기업의 빅펀드 참여가 허용된다면, 반대로 외국 기업도 펀드의
수혜를 받을 수 있나? 만약 불가능하다면 중국의 수혜 대상 기업과 외국
기업 간의 협력은 장려하는가?**

"빅펀드는 중국 기업의 경쟁력 제고를 위해 조성된 것으로 외국 기
업은 수혜 대상에서 제외된다. 중국 수혜 기업과 외국 기업 간의 협
력은 기업이 주도적으로 결정하고 이행할 문제이지, 중국 정부의
간섭에 의해 이루어지지 않는다. 즉 기업 간 협력은 철저히 시장원
리에 의해 이루어진다. 빅펀드는 기업에 투자할 때도 2대 주주, 3대
주주로만 기업의 경영에 참여하지 최대주주가 되지는 않는다. 외국
기업이 빅펀드의 수혜를 받지는 못하겠지만 중국 수혜 기업과의 협
력은 희망한다.

▷ **빅펀드의 가장 큰 투자자가 중국 재정부다. 지금은 앞으로도 국고에서
많이 충당할 계획인가?**

"빅펀드는 국가 주도로 이루어지되, 민간자본을 최대한 활용할
예정이다."

그는 '시장원칙'을 여러 번 강조했다. 이는 "중국이 정부의 돈으로 기업을 지원하기 때문에 WTO 등 국제무역 원칙에 위배된다"는 미국 등의 지적을 피하기 위해서이기도 하지만, 실제로 최근에 중국 정부가 기업을 지원하면서 내세우는 제1원칙이기도 하다. 중국은 과거 LCD 산업을 육성할 때 '묻지마 지원'을 반복하면서 세계적인 공급과잉 현상을 초래한 경험이 있다. 중국 내부에서도 이 같은 문제점에 대한 자성의 목소리가 높아지면서 실제로 민간 참여와 시장원칙 준수를 펀드의 기본 방침으로 강조하고 있다.

한편 빅펀드의 효과에 대해서는 중국 내부와 외부에서 다양한 반응이 엇갈린다. 빅펀드의 지원을 받은 기업이 그 돈으로 작은 기업을 인수할 때 종종 반발이 일어나고 있다. 실제 중국 내 피인수기업에서는 직원들의 집단 농성이 일어난 적도 있다.

빅펀드는 중국의 분야별 대표 기업을 선별하여 집중 육성한다. 빅펀드의 혜택을 본 기업은 2016년 11월 말 기준 29개사에 불과하다. 한편 중국 반도체 업계도 98% 이상이 중소기업으로 이루어져 있다. 빅펀드의 지원을 받지 못하는 대다수 중소업계의 불만도 적지 않다. 이들은 "대다수의 중소기업이 설계하고 만드는 제품을 무시한다면 판단 착오다. 왜 중국 정부는 국가대표팀만 키우고 청소년팀은 돌아보지도 않는가"라고 항의하고 있다.

중국은 국가 안보에 관련된 통신반도체 등 일부 핵심 제품에 대한 중요성을 강조하고 있다. 그러나 핵심 제품도 주변 제품이 있어야 한다. 중국의 전문가 그룹에서는 설계, 제조, 패키징 등 모든 공정에 두루 걸쳐 균형 발전을 이뤄야 한다고 주장하는 의견도 있다. 핵심 칩의 기능에 걸맞는 우수한 주변기기가 수반돼야 좋은 제품이 나올 수 있다는 지적이다.

빅펀드는 어떤 기업을 지원했고 사들였나

2016년 3분기 말 기준 빅펀드는 29개사 37개 프로젝트에 투자했다. 29개사 가운데 펀드운용 7개사를 제외한 22개사에 대한 투자승인액은 683억 위안(약 11조 1200억 원), 실제출자액은 429억 위안(약 6조 9800억 원)이다. 22개사는 반도체 설계 및 제조, 반도체 장비 제조, 반도체 재료, 패키징 등 5개 분야로 나뉜다. 이 중 설계와 제조에 투자가 집중됐다. 반도체 설계 기업 7개사에 대해 전체의 27%, 제조 기업 4개사에 60%가 각각 배정됐다.

펀드운용사로는 삼안IC기금, 성세투자, 안신산업기금 등 7개

빅펀드의 분야별 투자액 비중(2016년 3분기 말 기준)

구분	설계	제조	장비	재료	P&T	펀드	합계
투자승인액 비중(%)	27	60	3	2	8	–	100
기업 수	7	4	5	3	3	7	29

자료: 화신투자

사가 선정됐다. 빅펀드의 지원을 받은 22개사에 대해 간략히 살펴보자.

반도체 설계 기업

설계 기업 7개사의 공통점은 통신과 보안 전문 업체라는 점이다. 중국은 핵심 반도체의 수입의존도가 90%에 달한다. 국가 안보에 대한 중요성을 염두에 둔 방침이다.

귀커마이크로부터 살펴보자. 2008년에 후난성 창사에 설립된 신생 기업으로 베이징, 상하이, 선전, 청두 등에 연구개발센터를 보유하고 있으며 연구 인력이 500명에 달한다. 반도체 설계 업체 가운데 빅펀드의 투자를 받은 첫 번째 기업이다. 매년 매출액의 30%를 연구개발에 재투자하며 보안 설비, SSD, IoT 등에 활용되는 시스템반도체와 솔루션을 설계한다. 보안과 통신 분야에서 중국의 반도체칩 국산화를 위해 투자를 받은 업체다. 한국이 세계시장 대부분을 차지하고 있는 SSD가, 중국 반도체 산업의 육성 목적인 전략 산업 분야에서 수요가 많다는 점과, 귀커마이크로가 빅펀드의 지원을 받는다는 점에 주목할 필요가 있다.

ZTE中兴 우리나라에도 비교적 잘 알려져 있는 ZTE는 1985년 광둥성 선전시에서 설립된 휴대전화와 네트워크솔루션 및 통신장비 제조 기업이다. 중국 저가 휴대전화시장에서 ZTE 점유율은 상당하다. 통신 인프라에서 막강한 실력을 갖춘 ZTE는 2016년 12월 광둥성의 버스 제조업체 지분 70%를 매입하고 광둥성 주하이시에 스마트 자동차 제조 공장을 설립할 계획이라고 밝혔다. 빅펀드에서 투자받은 돈으로 통신 기술과 자율자동차 기술을 융합시키겠다는 복안이다.

APEXMIC 아펙스는 CPU 국산화 프로젝트 명목으로 2015년 5억 위안(약 819억 원)을 투자받았다. 반도체 설계 전문 기업이다.

紫光展锐 UNIGROUP SPREADTRUM & RDA 즈광잔뤠이는 칭화유니가 중국의 양대 팹리스인 스프레드트럼과 RDA마이크로일렉트로닉스를 각각 2013년, 2014년에 인수한 뒤 둘을 합쳐 만든 기업이다. 로고에서 알 수 있듯 칭화유니의 계열사다. 스프레드트럼은 스마트폰 AP 설계 기술을 갖고 있고, RDA는 무선주파수 및 혼합신호 분야의 강자다.

北斗星通 BDStar Navigation 베이도우싱통은 2000년에 설립된 내비게이션 설계 업체로 국방, 자동차 전장 부품 및 내비게이션 등의 분야에 솔루션을 제공한다. 해양어업, 스마트 도시 건설(교통 및 농업 분야 포함),

항만 운영 시스템, 기상 예측 등에 활용되는 솔루션과 반도체칩을
설계한다.

SMiT 2002년에 설립된 SMiT는 글로벌 TV 수신 및 중국의
모바일 결제mPOS 시스템에서의 보안 설비 공급 기업이다. 본사는
홍콩에 있고 중국 선전과 독일 뮌헨에 사무소를 두고 있다. 디지털
TV의 화질을 높이고 모바일 결제 시스템의 안정성을 높이는 칩을
개발한다. 46개국의 400여 개 고객사에 제품을 수출하고 있다.

centec 센텍은 통신설비 설계 업체다. 경영층 대부분이
10년 이상 통신설비 제조업체에서 일한 경력을 갖고 있다. SDN 교
환 플랫폼, 이더넷Ethernet 교환기, TPN 교환기 솔루션에 강점이 있
다. SDN(Software Defined Networks, 소프트웨어 정의 네트워크)은 소프
트웨어 프로그래밍을 통해 네트워크 경로를 설정하고 제어하는 작
업을 간편하게 처리할 수 있도록 지원하는 네트워크 기술이다.

반도체 제조 기업

SMIC 빅펀드는 중국 최대이자 세계 5위 파운드리인 SMIC에
투자했다. SMIC는 AP, 이미지센서, 전략반도체 등을 만든다. 매출

의 10% 이상을 연구개발에 투입하고 빅펀드의 지원에 힘입어 다양한 기업들을 인수하거나 지분 참여를 통해 영향력을 높이고 있다. 2016년에는 이탈리아의 CMOS 이미지센서 제조업체인 엘파운드리를 인수, 전력반도체, 스마트카드 등의 분야에서 경쟁력을 보완했다. 한국을 포함한 다양한 국가의 고급 인력을 보유하고 있다. 2016년 12월 SMIC는 세계 최대의 파운드리인 TSMC에서 COO(Chief Operating Officer, 최고운영책임자)로 근무하던 고위급 임원 챵상이를 영입했다. 챵상이는 애플 아이폰7에 들어가는 16나노칩을 개발한 인재로 SMIC의 발전에 기여할 것으로 기대된다.

三安光电 Sanan Optoelectronics   산안광전은 2000년 샤먼에 설립된 회사로 LED 조명칩, 태양광전지 등을 만든다. 반도체칩 연간 생산 능력으로만 보면 중국 1위다. 최근 갈륨비소GaAs 전력증폭기 사업에 진출하여 신재료 분야에서도 성과를 내고 있다. 실리콘반도체의 미세가공이 한계에 도달하면서 신재료반도체에 대한 관심이 커지는 가운데, 산안광전은 화합물반도체 개발과 인수합병에 집중하고 있다. 2016년 4월에는 미국의 화합물반도체 제조 기업 GCS홀딩스의 지분 100%를 인수했다.

Silan 士兰微电子   항저우에 위치한 실란은 전력반도체, 조명용 반도체 등을 생산한다. 5~6인치 웨이퍼 생산라인을 갖고 있다.

长江存储科技有限责任公司 2016년에 신설된 창장반도체는 칭화유니그룹의 자오웨이궈가 사장을 겸직하고 있는 메모리 전문 기업이다. XMC와 칭화유니의 합작사다. 중국은 메모리 사업에 뛰어들면서 메모리 생산 공정 전반에 걸친 기술 노하우를 갖춘 인재를 적극 영입하고 있다. 중국이 현재 기술설계 능력은 있으나, 생산 및 제조 기술까지 모든 단계를 아는 인재는 드물기 때문이다. 이 같은 인재 영입 중심에 창장메모리가 있다. 우한에 소재한 창장반도체는 허페이에 소재한 창신반도체, 상하이에 위치한 SMIC와 함께 반도체 산업 클러스터를 형성하고 있다.

반도체 장비 제조 기업

항저우 창톈과기는 반도체 테스트 장비와 테스트 핸들러를 생산한다. 테스트 핸들러는 웨이퍼에서 모든 가공 공정이 완료된 반도체칩을 주검사 장비로 공급해주고, 검사 결과에 따라 합격품과 불량품을 등급에 따라 분류해주는 자동화장비다. 2014년 저장성 정부로부터 중점 기업 및 연구소로 선정되었고, 23건의 특허를 보유하고 있다. 이 중 발명특허가 10건, 소프트웨어 저작권이 22건 있다.

AMEC AMEC는 중국 상하이에 위치한 반도체 전공정 기업이다. 싱가포르, 한국 오산시, 일본, 대만 등에도 사무실이 있다. PC, 스마트폰, 디지털 가전에 들어가는 반도체칩 제조에 사용되는 에칭(식각) 장비를 생산한다. 에칭 장비는 반도체 장비 중 핵심 장비다. AMEC는 22나노 공정 반도체칩 제작에 활용되는 에칭 장비를 제조하며, 300밀리 웨이퍼의 45~65나노 공정에도 에칭 장비를 공급 중이다.

 파이오테크는 중국 내 유일한 PECVD(플라즈마증착) 설비 공급 업체다. PECVD는 반도체 공정에서 가장 중요한 장비 중 하나로 핵심 기술은 일본, 미국 등이 장악하고 있다. 종업원 250여 명 가운데 81%가 연구개발 인력이고, 신청한 특허 건수도 300여 개에 달한다.

Sevenstar 2001년 9월에 설립된 치싱전자는 중국의 실리콘밸리인 베이징시 중관촌에 위치해 있고, 2010년 3월 선전 주식시장에 상장됐다. 직원은 3,500명이다. 반도체, 태양광전지 제조에 필요한 설비를 생산한다. 치싱전자는 중국전자부품협회 부이사장 및 중국 전자전용설비공업협회 이사장직을 맡고 있다.

반도체 재료 기업

빅펀드가 지원하는 재료 기업은 공개된 자료가 많지 않다.

上海硅产业投资有限公司 상하이실리콘산업 투자유한공사는 2015년 12월 9일에 설립되어 시스템반도체와 실리콘 위주의 재료 산업에 투자한다.

1996년에 설립된 쟝수중넝그룹은 콘크리트 제조와 석탄 무역을 담당하는 민영 기업으로, 고강도 콘크리트 전신주, 전신철탑, 친환경 벽재, 사료 가공, 부동산 개발, 창고 및 물류 등 다양한 방면을 아우른다. 반도체와는 무관한 분야로 보이나, 통신 인프라 구축을 통해 중국 통신 산업 발전의 한 축을 담당케하려는 포석으로 판단된다.

패키징 기업

패키징 업체는 통상 테스팅도 겸하고 있다. 빅펀드가 투자한 패키징 3사는 중국의 패키징 분야를 대표하는 업체들로 볼 수 있다.

JCET는 2014년 몸집이 더 큰 싱가포르의 스태츠칩팩을 인수하면서 일약 세계 4위 업체로 떠오른 기업이다. JCET는 1972년에 설립, 2003년 상하이증권시장 A주식시장에 상장한 중국 최대의 패키징 기업이다. JCET스태츠칩팩은 싱가포르와 한국의 인천 등지에 8개 생산기지를 보유하고 있다.

난통후지츠는 일본과 중국의 합자회사로 후지츠가 21.38%의 지분을 보유하고 있다. 부자지간인 스밍다와 스레이가 운영 중인 중국의 대표적인 패키징 업체 중 하나다. 1997년 설립했고 2007년 선전증시에 상장했다. 7,000여 명의 직원과 2,000명 이상의 기술관리자가 근무하고 있다.

2003년에 설립된 화톈과기는 연간 10억 개의 반도체 패키징이 가능하다. 중국 내 상장된 패키징 업체 가운데 JCET에 이어 2위다.

22개사의 면모를 보면 중국이 자율주행차, 통신, IoT 등 분야의 핵심반도체칩 국산화가 목표라는 점을 알 수 있다. 앞으로도 4차 산업혁명을 구성하는 핵심 요소인 IoT, AI, 통신, 의료기기, 자율주행자동차 쪽 반도체에 집중할 것으로 예상된다. 이에 따라 5개 분야에 사용되는 반도체칩 설계 및 제조, 패키징, 장비 및 재료 개발에 집중할 것으로 보인다.

중국의 인수합병 트렌드

빅펀드는 중국이 운용하는 인수합병 펀드 중 극히 일부일 뿐이다. 중국은 다방면에서의 인수합병을 통해 선진국과의 기술 격차를 좁히려 한다. 이를 위해 엄청난 돈을 쏟아붓고 있다. 특히 4차 산업혁명의 개념을 처음 제시한 독일의 첨단기업들이 주요 타깃이다. 이에 대한 미국, 독일 등 선진국의 반발도 만만치 않다. 반도체와 직접 상관은 없지만 중국의 M&A 전반에 대한 전략과 독일을 대하는 태도를 정리한다. 앞으로 중국의 또 다른 M&A 타깃이 될 한국이 어떤 전략을 구사해야 할 것인가에 대한 시사점을 얻을 수 있기 때문이다.

2016년 중국의 해외 인수합병 규모는 1881억 달러(약 211조 480억 원)에 달한다. 산업 및 화학, 에너지 및 광산, 기술 분야에 대한 투자가 두드러진다. 반도체 산업뿐만 아니라 중국의 국가 전략 산업 발전을 뒷받침할 수 있는 영역에 대해 적극적으로 '쇼핑'하고 있다.

금액순으로 볼 때 2016년 중국의 대표적인 해외 5대 인수합병 사례는 다음과 같다. 인수 규모는 799억 달러(약 89조 6400억 원)로 전체 금액인 1881억 달러의 42.5%를 차지한다.

중국의 해외 인수합병 분야별 현황

분야	기계화학	에너지 광산 등	기술	소비재	서비스	기타	합계
금액 (US$ 1억)	713.8	318.2	273.5	118.3	86.5	370.8	1,881.1
비중(%)	37.9	16.9	14.5	6.4	4.6	19.7	100

자료: SCMP

금액순으로 본 2016년 해외 5대 인수합병

날짜	피인수 기업	인수 주체	인수액 (단위: US$ 1억 달러)
2월 3일	신젠타	CNCC	459
9월 2일	CPFL에너지아	중국	124
6월 21일	슈퍼셀	텐센트	86
3월 12일	스트래티직 호텔 리조트	안방보험	65
10월 24일	힐튼 월드브리지	HNA여행	65
합계			799

자료: SCMP

중국의 해외 기업 인수합병은 2015년 들어 기하급수적으로 늘기 시작했다. 건수 기준으로 봐도 2011년 100여 건 수준이던 것이 2016년 300건을 넘어섰다. 풍부한 외환보유고를 바탕으로 한 인수합병을 통해 단기간 내 기술을 습득하겠다는 전략을 엿볼 수 있다. 시기적으로 빅펀드가 만들어진 때와 비슷하다. 아울러 4차 산업혁명 붐이 일어난 시기와도 일치한다. 중국이 얼마나 적극적으로 4차 산업혁명 시대를 준비하고 있는지 알 수 있다.

중국의 해외 인수합병 대상을 국별로 살펴보면, 금액이 큰 순서로 미국, 스위스, 브라질, 이스라엘, 독일, 핀란드, 홍콩, 싱가포르,

최근 2년간 중국 자본의 독일 기업 인수 현황

구분	2015년	2016년
인수 금액	2억 6300만 유로	103억 유로 (약 39배 증가)
인수 건수	29건	47건 (60% 증가)

자료: 톰슨 로이터스(Thomson Reuters)

영국, 콩고 등이 톱 10 국가들이다. 절대적인 숫자에서 미국이 단연 앞서고 있으나, 최근 들어 독일 기업 사냥 건수가 기하급수적으로 늘고 있다. 독일은 중국의 관점에서 볼 때 산업 발전의 '롤모델'이기 때문이다.

이에 대한 독일의 반발도 거세다. 특히 최근 중국 가전 업체 메이디Midea가 산업용 로봇시장 세계 1위인 독일 쿠카Kuka를 인수하면서 고급 인력, 기술 및 노하우가 한꺼번에 빠져나갈 것을 우려하는 분위기가 팽배하다. 2016년 말 중국의 독일 반도체 장비 업체 아익스트론 인수 좌절이 대표적이다. 인수 가격은 무려 6억 7000만 유로(약 8249억 원)에 달했다. 아익스트론은 1983년 설립된 역사 깊은 장비 업체다. 핵심 장비인 유기금속화학증착MOCVD 장비를 만든다.

아익스트론이 중국 자본에 합병될 경우, 이 회사 장비가 중국 핵 프로그램을 위한 반도체칩 생산에 사용될 수 있다는 미국의 경고에 따라 독일 경제부가 양사 간 계약 승인을 철회했다. 중국은 이에 대해 강하게 반발했다. 료우이앤동 상무위원은 "중국 기업이 독일의 FDI(해외직접투자)에서 차지하는 비중은 1%도 안 되는 반면, 중국의

FDI 가운데 독일 기업은 상당한 비중을 차지한다. 양국 간 해외 투자가 균형을 이룰 때 양국의 이익이 함께 증대된다"라고 주장했다.

하지만 선진국들이 중국을 보는 시선은 곱지 않다. 중국이 대부분의 선진국을 상대로 무역 흑자를 유지한 상태에서 기업까지 마구 사들이자 "중국이 국제무역질서를 흐뜨린다"고 반발하고 있는 것이다. 특히 첨단기술과 인재를 그대로 빼앗길까 우려하고 있다.

그러나 중국 중심의 세계 경제질서 재확립에 대한 중국의 입장은 분명하다. 중국 상무부연구원 국제시장연구소의 바이밍 부소장은 선진국의 반발에 대해 "중장기적 안목으로 해외 투자 및 인수합병을 확대하여 중국의 산업경쟁력을 제고하고, 글로벌시장에서의 영향력을 확보해 중국이 글로벌시장 질서를 주도해야 한다"고 강조했다.

중국은 앞으로 어떻게 움직일까

2015년과 2016년은 중국뿐 아니라 전 세계적으로 M&A 열풍이 일었다. 반도체 분야에서는 특히 그랬다. 4차 산업혁명의 주도권을 잡으려는 전 세계 강자들이 치열하게 맞붙었다. 이런 상황에서 중국은 앞으로 어떻게 움직일까. 한마디로 '정중동靜中動'이다. 이제까지는 강하게 해외 기업 인수에 드라이브를 걸었다면 앞으로는 필요한 기업을 인수하면서도 내실을 기하고 부작용을 최소화하는 데 초

점을 맞출 것으로 전망된다.

중국 정부의 기본 철학은 '도광양회韜光養晦'다. 자신의 재능, 명성, 실력을 드러내지 않고 기회가 올 때까지 참고 기다린다는 뜻이다. 1979년 개혁개방을 실시한 덩샤오핑鄧小平이 이 같은 철학을 강조했다.

최근 들어서는 중국 특유의 도광양회 정신에 변화가 감지된다. 중국은 2008년 글로벌 금융위기를 거치고, 저부가가치 산업에 대한 산업구조조정을 하면서 산업 전반에 걸쳐 틀을 갖춰가기 시작했다. 세계 최대의 외환보유국, 세계의 대표적 글로벌 기업의 집합지, 세계의 공장에서 세계의 시장으로 변모해가는 강국으로 거듭나는 중국은 시진핑 정부 들어서면서 자기 목소리를 당당히 내기 시작했다. 경제, 외교, 문화 등 각 분야에서 중국의 목소리가 들리지 않는 곳이 없고, 자국의 이익이 걸린 부분에서는 한 치의 양보도 없이 당

중국 정부의 기본 철학

덩샤오핑	韜光养晦 (도광양회)	자신의 재능, 명성, 실력을 드러내지 않고 기회가 올 때까지 참고 기다린다는 뜻으로, 1980년대 중국의 대표적인 외교 노선.
	有所作为 (유소작위)	세계 경제 및 외교무대에서 중국이 강대국으로서의 역할을 해내고, 필요할 경우 정당하게 자기 목소리를 내자는 의미.
시진핑	韜光养晦 (도광양회)	자신의 재능, 명성, 실력을 드러내지 않고 기회가 올 때까지 참고 기다린다는 뜻으로, 1980년대 중국의 대표적인 외교 노선.
	奋发作为 (분발작위)	유소작위의 수준을 넘어서서, 강대국으로서 자기 목소리를 충분히 내겠다는 자세. 중국 중심의 국제질서를 새롭게 만들겠다는 포부도 들어 있음.

2016년 3분기 말 기준 중국의 반도체 매출 현황

구분	매출액(단위: 1억 위안)	전년동기대비 증가율
설계	1,174.7	24.8%
제조	707.4	16.8%
패키징	1,097.8	10.5%
합계	2,979.9	17.3%

자료: 중국반도체산업협회

당하게 강대국으로서의 입지를 다져가고 있다. 기존의 '유소작위有所作为'개념을 넘어선 '분발작위奋发作为'란 지도 이념이 실행에 옮겨지고 있는 것이다.

이 같은 정부의 철학은 반도체 M&A 전략에도 반영되고 있는 것으로 보인다. 기본적으로는 '도광양회'의 정신으로 선진국과 정면 승부는 피하되, 필요한 기업은 강하게 인수하고 자기 주장은 나름대로 분명히 펼칠 것으로 전망된다.

이러한 전략의 배경에는 그간 추진해온 반도체 산업 육성 정책이 어느 정도 성과를 냈다는 자신감이 반영돼 있다. 특히 중국은 2016년 반도체 분야에서 전례 없는 고속 성장을 일궈냈다. 산업이 성장 기로에 선 만큼 이제 무조건 규모를 늘리는 것보다 안정적이고 지속가능한 성장을 하자는 목소리가 커지고 있다. 중국 반도체 업계의 '키맨'인 빅펀드의 딩원우 총재의 발언을 통해 이 같은 전략을 읽을 수 있다. 다음은 2016년 말 딩 총재의 강연 내용이다.

딩원우 총재

　"2016년 3분기 말 기준 중국의 반도체 수입은 1615억 달러로 전년동기대비 0.7% 감소했고, 중국 시스템반도체 기업은 최근 2년 새 2배 급증하여 1,200개사에 달한다. 이제 질적 제고에도 힘을 쏟을 때다. 규모가 커진 만큼 기술력도 함께 높여야 한다."

　선진국의 중국 견제에 대해서는 완곡하게 반대 입장을 드러냈다. 그는 "빅펀드의 초기 5년간 조성 목표는 1387억 위안이다. 큰 금액으로 들릴지 모르나, 인텔의 1년간 R&D 투자 비용에도 못 미치는 금액이다"라고 강조했다. 아울러 딩 총재는 "빅펀드는 결코 정부보조금이 아니라 엄연한 사모펀드이며, 주주에게 매년 이익을 배당하고 있다"라고 말했다. 또한 "최근 한국도 희망펀드를 조성하고, 미국도 오바마 대통령 주도로 반도체 소위원회를 설립하여 중국을 견제하고 중국의 동향을 예의주시하고 있다"며 "중국 정부만 자국의 반도체 산업을 돕는 것이 아니다"라고 강조했다.

중국 반도체 학계의 최고 거물로는 칭화대학의 웨이사오쥔魏少軍 교수가 꼽힌다. 그의 발언도 뉘앙스가 비슷하다. 2016년 말 '미국 반도체 소위원회' 회원들이 웨이 교수를 찾았다. 이 위원회에는 폴 오텔리니Paul Otellini 전 인텔 회장 등 거물급 인사들이 포함돼 있다. 소위원회 회원들은 웨이 교수에게 중국 정부의 반도체 산업 지원 정책이 국가보조금이라며 중국의 자국 기업 지원 행위에 불만을 표시한 것으로 알려졌다. 이에 대해 웨이 교수는 "중국의 반도체 산업에 대한 투자는 미국에 비하면 매우 작은 규모다. 단기간 내에 중국이 미국을 따라잡을 수도 없고 그럴 필요도 없다. 그러니 긴장하지 마라. 중국의 반도체 산업은 이제 걸음마 단계일 뿐이다"라고 반박했다. 그 뒤 다른 자리에서는 "그들이 믿든 말든 잘 달래서 돌려보냈다"라고도 말했다.

중국의 반도체 자립도는 점점 높아지고 있다. 하지만 중국의 반

웨이사오쥔 교수

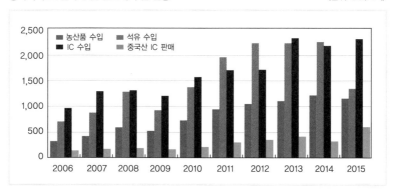

자료: 중국과학원 자료를 바탕으로 필자 정리

중국의 반도체 수입 비중 추이 (단위: %)

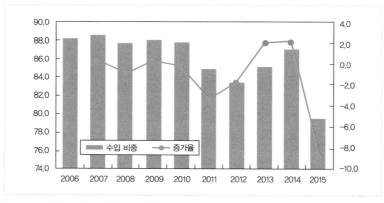

자료: 중국과학원 자료를 바탕으로 필자 정리 및 가공

도체 수입량은 여전히 엄청나다. 웨이 교수는 "아직 중국은 멀었다"는 점을 계속 강조하고 있다. 그러면서 정부 지원보다는 시장 원리에 따른 체계적인 발전을 주문하고 있다.

그는 한 회의 석상에서 이렇게 말했다. "시장 원리에 입각한 산업 발전이 필요하다. 특히 '정부'를 운운하며 누가 묻지도 않았는데 정부 지원, 정부 보조란 단어를 언급하면서 정부의 지원을 받는 기업이라고 내세우지 마라. 중국의 어떤 도시에 가면 실제 투입된 시정부지원금은 6~7%에 불과한데도 시정부 관리가 자기 입으로 '정부 주도'에 의한 반도체 산업 진흥이라고 떠든다. 정부 관계자도 이러니 외국이나 경쟁국이 볼 때 어떻겠는가? 스스로 오해의 소지를 만들지 마라"고 강하게 비판했다.

웨이 교수를 비롯한 중국 내 전문가들은 시장 논리에 따른 반도체 산업의 발전이 가장 이상적이라고 입을 모은다. 물론 발전 초기 단계에서는 정부의 강한 드라이브와 지원 정책이 필요하다. 한국도 그렇게 발전해왔다.

웨이 교수의 충고는 정부의 간접 지원은 필요하되 과도해서는 안 되고, 과도해보여서도 안 된다는 의미로 풀이된다. 기업 주도로 시장 논리에 의해 수급 균형이 이루어져야 중국 반도체 산업의 건강하고 지속가능한 발전을 기대할 수 있다는 얘기다.

중국 정부의
반도체 육성 조직도

—
4
—

앞서 '중국제조 2025'의 계획과 빅펀드 운용 등에서 봤듯 중국은 반도체 산업 육성을 위해 정부 차원에서 중장기적 계획을 세우고 있다. 그렇다면 중국 정부에서 누가 이런 일을 할까. 지피지기면 백전백승이라 했다. 중국 정부의 반도체 조직을 들여다보는 것은 우리가 중국의 '반도체 굴기'를 이해하는 데 도움이 될 것이다.

2014년 중국은 반도체 산업 발전을 위한 정책을 발표하고, 그해 가을 반도체 산업을 실질적으로 지원할 '빅펀드'를 조성하기 시작했다. 이어 중국 국무원은 '국가 제조강국건설 영도소조'(이하 영도소조로 약칭)를 2015년 6월 16일부로 출범시켰다. 영도소조는 중국 국무원이 2015년 5월 8일 발표한 중국제조 2025 정책을 실질적으로 집행할 기구로 중국에서는 '드림팀'으로 불리고 있다. 영도소조는

영도소조 및 전략자문위원회 개요

기구명	국가 제조강국건설 영도소조	국가 제조강국건설 전략자문위원회
구성	조장 1명, 부조장 5명 조원 20명	주임 1명, 부주임 1명 비서장 1명, 부비서장 2~3명 세부산업별 12개 조로 구성
소속	중국 국무원	영도소조 산하기구
기능	정책 입안	입안된 정책에 대한 자문 및 건의
출범일	2015년 6월 16일	2015년 8월 25일

자료: 중국 국무원 자료를 바탕으로 필자 정리

조장 1명(마카이 국무원 부총리), 부조장 5명, 조원 20명으로 구성됐다.
영도소조의 산하기구로 '국가 제조강국건설 전략자문위원회'(이하
전략자문위원회로 약칭)를 설치했다. 전략자문위원회는 영도소조의 정
책에 대한 의견 제시, 정책 평가 등을 담당한다. 반도체 산업도 이
조직에서 여러 산업 가운데 하나로 연구하고 있다. 먼저 영도소조
에 대해 살펴보자.

영도소조

중국 제조 강국 정책의 드림팀으로 불리는 영도소조는 현 국무원
부총리인 마카이馬凱가 조장을 맡는다.

마카이는 1946년생으로 국무원 안전생산위원회 주임과 국무원 중소기업발전촉진사업 영도소조의 조장도 맡고 있다. 1965~1970년 베이징시 제4중학교에서 교편을 잡았고, 1970~1973년에는 베이징시 서성구 57간부학교에서 훈련을 받았다. 1988년부터 중앙정부에 발을 들인 마카이는 5년간 국가 물가국 부국장을 지낸 뒤 1993년부터 국가경제체제개혁위원회 부주임, 1995년부터 국가계획위원회 부주임을 역임했다. 1998년부터 국무원 부비서장, 2000년부터 국무원 비서장(중앙정부 장관급)을 지냈다. 2003년부터 국가발전개혁위원회 주임과 국무원 서부 지역 발전영도소조 판공실 주임, 국가에너지 영도소조 판공실 주임 등 중국의 주요 정책을 담당하는 중책을 맡았다. 국가의 장기 계획을 담당하는 쪽에서 20년 넘는 경력이 있는 것을 보면 왜 중국 정부가 그에게 영도소조를 맡겼는지 알 수 있다.

5명으로 구성된 부조장들도 중앙정부 장관(중국에선 부장으로 부름) 및 차관(중국에선 부부장으로 부름)들이 맡고 있다. 부조장들의 면면을 간략히 살펴보자.

 먀오위 부조장은 현 중국 공업정보화부 장관이다. 공업정보화부는 우리나라의 산업통상자원부와 다른 나라의 과학기술부의 역할을 동시에 맡는 핵심 중앙

부처다. 1955년 베이징에서 태어난 먀오위 장관은 1982년 안후이 성에 위치한 허페이공업대학에서 내연기관을 전공한 뒤 국유 기업인 '중국자동차판매서비스회사'에서 근무했으며, '중국자동차공업총공사'에서 생산부, 기계공업부 등의 간부를 거쳤다.

중국 공산당원들의 핵심교육기관인 중앙당교 대학원에서 세계 경제학으로 석사 학위를 받았다. 1997년 9월에는 둥펑자동차 당위원회 서기로 임명되고, 1999년 3월부터는 둥펑자동차 총경리도 겸하기 시작했다. 2005년부터 후베이성 상무위원 및 우한시 상무위원회 서기를 거친 뒤 2008년부터 공업정보화부 차관을 지냈다. 2010년 12월 공업정보화부 장관 및 당서기로 임명된 뒤 지금까지 중국의 제조강국 실현을 위해 일하고 있다.

 현 국무원 부비서장인 샤오야칭은 1959년 베이징에서 태어나 1982년 현재 중난대학의 전신인 중난 광업 및 야금학원 재료학과를 졸업했다. 1981년 공산당 입당 후 교수급 고급 엔지니어로 활약해왔다.

1982~1985년 하얼빈 동북 경합금가공공장 공학원 교수로 근무하면서 1999년까지 이 공장의 기술처 처장, 총경리 등을 지냈다. 1999년부터 서남 알루미늄가공공장 공장장을 지냈고 2000년부터 이 공장의 이사장 및 총경리로 임명됐다. 2003~2009년 중국알루미늄그룹에서 근무하며 총경리 및 이사장까지 지냈다. 2009년 12

월부터 국무원 부비서장을 맡고 있으며, 2007년에는 중국 중앙방송인 CCTV의 중국경제 올해의 인물로 선정되기도 했다. 원자재 분야에서 이론과 실무를 두루 아는 인물로 평가 받는다.

린니앤쇼우 국가발전개혁위원회 부주임은 1963년 산둥성에서 태어나 1980~1984년 시안전자과학기술대학(구 서북전신공정학원) 기술물리학과에서 반도체물리 및 부품을 전공한 뒤 경제학으로 석사 학위를 받았다.

1984년부터 공직 생활을 시작했고 2007년에는 국가 에너지 영도소조 판공실에서 부주임을 지냈다. 그 뒤 4년간 광시좡족자치구 정부의 부주석을 4년간 역임했다. 이 기간 중 칭화대학 공공관리학원과 미국 하버드대학 케네디스쿨 공공관리과정에서 연수를 받았다. 2011~2014년 광시좡족자치구의 부주석을 지내고, 2014년 3월부터 국가발전개혁위원회 부주임으로 근무하고 있다.

차오지앤린 과학기술부 전임 차관은 1955년 후난성에서 태어나 1982년 푸단대학 물리학과를 졸업했다. 1989년 중국과학원 창춘광학기계연구소와 일본 도호쿠대학에서 연합 박사 학위를 받았다. 1989~1992년간 중국과학원 창춘광학기계연구소에서 포스트닥터 과정을 밟고 중국과학원 원장의 비서도 겸했다. 2006년 9월까지는 중국과학원 부원장 겸 중국과학원 광학전자연구원 원장 및 응용광학 국가중점실험실 주임을 지냈다. 1997년에는 중국광학학회로부터 과학기술상을 수상한 바 있으며, 학술 분야에서도 상당한 업적을 남겼다. 2015년 12월 16일부로 정년퇴임하고 현재는 영도소조의 부조장만 맡고 있다.

 료우쿤 재정부 차관은 1956년 광둥성에서 태어났다. 1973~1978년간 푸젠성 운소현의 제2경공업국 종합공장에서 직공으로 근무한 뒤 1978~1982년간 샤먼대학 경제학과에서 재정금융을 전공했다.

2010년 광둥성 부성장으로 임명되어 3년간 직책을 맡은 료우쿤은, 2013년 5월 중국 재정부 차관으로 임명되었고, 2016년 12월부터는 전국인민대표대회 상무위원회 예산위원회 주임을 겸하고 있다. 료우쿤은 신장 187센티미터의 거구로 뛰어난 지휘 통솔력을 갖춘 지도자로 평가받고 있다.

영도소조의 면면을 보면 기초과학이론은 물론 첨단기술에도 정통한 사람들이다. 자동차, 반도체 등 각 분야에서 이론은 물론 장기간의 실무 경험도 갖고 있다. 반도체 관련 부서가 정무직 공무원으로만 구성돼 있는 한국과는 다른 모습이다.

영도소조 조직도

조장	마카이 국무원 부총리	
부조장 (5명)	먀오위 공업정보화부 장관	
	샤오야칭 국무원 부비서장	
	린니앤쇼우국가 발전개혁위원회 부주임	
	차오지앤린 과학기술부 전임 부장관	
	료우쿤 재정부 부장관	
조원 (20명)	루신 교육부 차관	료우쥔천 공상총국 부국장
	마오웨이밍 공업정보화부 차관	천강 질검총국 부국장
	탕타오 인력자원사회보장부 차관	손화산 안전감관총국 부국장
	자이칭 환경보호부 차관	허화 국가지식산권국 부국장
	왕창순 교통운수부 차관	천줘닝 공정원 부원장
	치앤커밍 상무부 차관	저우모빙 은행감독위원회 부주석
	손쯔강 위생계획위원회 부주임	료우신화 증권감독위원회 부주석
	판공성 중국인민은행 부행장	량타오 보험감독위원회 주석비서
	황단화 국자위 부주임	료우치 에너지국 부국장
	장쯔용 세무총국 부국장	쉬다저 국방과학공업국 국장

자료: 중국 국무원 자료를 바탕으로 필자 정리

전략자문위원회

이번엔 전략자문위원회를 살펴보자. 영도소조의 산하기구로 설립
된 전략자문위원회는 영도소조의 정책 수립 및 입안 과정에서 전문
가로서의 신랄한 지적과 광범위한 자문 역할을 수행한다. 주임과
부주임 각 1명을 포함해 총 45명의 위원으로 구성돼 있다. 전략자
문위원회는 총괄을 맡는 종합정책연구조를 비롯하여 실시 방안 수
립을 맡는 5개조, 행동 계획을 맡는 2개조, 발전 규획 담당 4개조

등 산업 분야별 총 12개조로 구성된다.

일부 인원은 두 개 이상의 조원 역할을 담당하여 12개조 총인원은 75명에 달한다. 반도체 산업은 4명으로 구성된 정보산업발전규획조가 담당한다. 전략자문위원회를 총책임지는 루용샹 주임, 저우치 부주임과 반도체를 맡고 있는 정보산업발전규획조 4명 전원을 소개한다.

루용샹 주임은 전국인민대표대회 상무위원회 부위원장으로 재직 중이다. 저장성 출신으로 1942년에 태어나 1959~1964년간 저장대학 기계공학과에서 수력기계를 전공한 뒤, 독일 명문 아헨공대에서 박사 학위를 취득했다.

중국 최고의 과학계 인사만 맡을 수 있는 중국과학원 원사와 중국공정원 원사를 역임하고 저장대학 총장을 지냈다. 1981~1985년간 모교인 저장대학에서 기계공학과 강사 및 연구실 주임, 부교수를 지냈다. 1985년부터 중국과학협회 부주석과 저장성 고등교육위원회의 부서기 등을 거쳤다. 중국이 공업 강국으로 거듭나는 데 필요한 전략 수립, 혁신 설계 전략 연구 등의 업적으로 유명한 인재다.

저우치 부주임은 1946년 상하이에서 태어난 기계공학 전문가다. 1970년 칭화대학 정밀기기학과를 졸업하고 화중과학기술대학 기계학과에서 석사 학위를

전략자문위원회 조직도

주임	루용상 전국인민대표회의 상임위원회 부위원장	
부주임	저우치 중국공정원 원장	
위원(43명)	뤄원(罗文) 공업정보화부 규획국 국장	쉬자빈(徐佳宾) 중국인민대학 상학원 산업경제학 교수
	루이앤수(陆燕荪) 전임 궤계공업부 차관	오우양밍가오(欧阳明高) 칭화대학 학술위원회 부주임
	양쉬에산(杨学山) 전임 공업정보화부 차관	셰사오펑(谢少锋) 공업정보화부 정보화 SW 서비스국 국장
	장강(张纲) 국무원 참사	뿌정파(步正发) 중국경공업연합회 회장
	차이웨이츠(蔡惟慈) 중국기계공업연합회 특별고문	주카이(朱恺) 중국선급사 부총재
	취웨이즈(曲维枝) 중국전자정보산업연합회 상무부회장	왕샤오치(王晓齐) 보강그룹 사외이사
	간용(干勇) 전임 중국공정원 부원장	짜오쥔꿰이(赵俊贵) 중국석유화화공업연합회 부회장 겸 비서장
	우허취앤(邬贺铨) 중국공정원 원사	숑멍(熊梦) 중국공업경제연합회 집행부회장 겸 비서장
	인뤠이위(殷瑞钰) 중국공정원 원사	왕샤오캉(王小康) 중국에너지 환경보호집단공사 이사장
	료우바이청(柳百成) 칭화대학 재료 및 기계공정학원 교수	위밍더(于明德) 중국의약기업관리협회 회장
	쉬훼이빈(徐惠彬) 베이징항공항천대학 총장 및 원사	료우티에민(刘铁民) 중국안전생산과학연구원 학술위원회 주임
	장이앤중(张彦仲) 중국공정원 원사	장야린(张雅林) 중국서부전력그룹 총경리
	린중친(林忠钦) 상하이교통대학 상무부총장	샹원보(向文波) 삼일중공주식유한공사 총재 겸 부이사장
	주선디(朱森第) 중국기계공업연합회 전문위원회 명예주임	인지앤안(印建安) 시안섬고동력주식유한공사 이사장
	뤼웨이(吕薇) 국무원발전연구중심 기술경제연구부 장관	왕잔푸(王占甫) 국개C산업투자기금 주식유한공사 이사장
	황췬훼이(黄群慧) 중국사회과학원 공업경제연구소 소장	리신야(李新亚) 기계과학연구총원 원장
	취시앤밍(屈贤明) 중국공정원 제조업연구실 주임	치앤지앤핑(钱建平) 중국선박중공집단공사 부총경리
	안스(安实) 하얼빈공업대학 부총장	류더(刘德) 샤오미 공동창업자 및 부총재
	야오위동(姚余栋) 대성기금관리유한공사 수석경제학자	양하이청(杨海成) 중국항천과기집단 총엔지니어
	바이징밍(白景明) 중국재정과학연구원 부원장	우보웨이(武博祎) 중국국제공정자문공사 총경리 비서
	손위칭(孙玉清) 대련해사대학 총장	—
	꾸창 (顾强) 중국 하이테크기술산업발전촉진회	후루인(胡汝银) 상하이 증권교역소 수석 이코노미스트

자료: 중국 국무원 자료를 바탕으로 필자 정리

받은 뒤, 1984년 미국 뉴욕주립대학 기계공학과에서 박사 학위를 취득했다.

1999년 12월 국무원 직속이자 과학기술 분야 최고 학술기구인 중국공정원의 원사로 지명된 뒤, 후베이성 상무위원회에서의 공직을 시작했다. 2001년 우한시 시장을 거쳐 2002년부터 1년간 중국교육부 차관 및 부서기를 지내고, 2003년 3월부터 교육부 장관으로 임명되었다. 2010년부터 중국공정원 원장에 임명됐고 그 뒤 스웨덴 로얄공정원의 외국인 원사, 미국 국가공정원의 외국인 원사로 선정됐다. 그가 첨단기술 분야에서 얼마만큼의 공신력을 갖고 있는지 증명해주는 경력이다.

12개조 가운데 반도체 분야는 정보산업발전규획조에서 담당한다. 중국공정원 원사인 우허취앤이 조장을 맡고 '빅펀드'의 왕잔푸, 샤오미 부총재인 료우더, 중국사회과학원 공업경제연구소 황천훼이 소장이 조원으로 편성되어 있다.

 우허취앤은 1943년 광둥성에서 태어나 1964년 우한 우전학원을 졸업하고 충칭시 우전학원에서 근무를 시작했다. 광통신 분야 중국 내 최고 전문가로 꼽힌다. 중국은 국가 안보를 이유로 통신반도체 자체 개발을 노리고 있는데 우허취앤은 이 분야를 이끌 것으로 전망된다. 국가 과학기술

관련 다양한 분야의 상을 수상했고, 1999년 중국공정원 원사로 임명되었다. 2015년 중국 인터넷 주요 인물에 선정되었으며, 현재 중국공정원 원사, 국가 정보화판공실 위원, 다탕전신산업그룹 부총재 등을 맡고 있다.

 왕잔푸는 현재 중국 공업정보화부 재정사 사장(한국으로 치면 중앙정부의 국장에 해당)으로 근무 중이다. 빅펀드의 이사회 의장도 겸하고 있다. 1983~1987년간 베이징우전대학 경영학과에서 정보통신관리로 학사 학위를 취득한 뒤 1987~1994년간 통신 정책을 담당하는 우전부 재정사에서 근무했다. 1994년부터 우전부 재정사 기초건설사업재무처의 부처장에 이어 처장을 역임했고, 1998년에는 산둥성 칭다오시의 시장 비서직도 겸임했다. 현 공업정보화부의 전신인 정보산업부 경제조정 및 통신청산국 종합처 처장을 거쳐 경제조정 및 통신청산국 국장, 공업정보화부 통신발전국 국장, 재무사 국장을 지냈다. 2014년 10월부터 빅펀드 운용사인 국가IC산업투자기금 주식유한공사 이사장으로 임명됐다.

우허취앤과 마찬가지로 통신 분야의 전문가인 왕잔푸는 경영 관리 및 재무에 대한 이론과 경험을 겸비하고 있어 중국의 반도체 산업 발전에 중심 역할을 하고 있다.

전략자문위원회에는 현직 기업인도 소속돼 있다. 류더 샤오미 부총재다. 그는 아트센터 칼리지 오브 디자인에서 공업디자인으로 석사 학위를 받았다. 실무적 기술 위주의 교육을 강조하는 미국 로스앤젤레스에 위치한 사립 미술학교인데, 대학 설립 후 80년간 이 대학을 졸업한 중국 유학생은 20여 명에 불과하다.

베이징과학기술대학 공업디자인학과의 주임을 역임하고 공업디자인 개론, 디자인 방법론, 상품 디자인 등을 주로 강의했다. 일본 나고야 국제공업디자인상 수상, 일본 카스타일링 자동차디자인상 수상 등 산업디자인 분야에서 화려한 경력을 갖추고 있다. 업무적으로 매우 논리적인 사고를 갖춘 한편, 성품이 뛰어나다는 평가를 받고 있다.

황췬훼이는 중국사회과학원 공업경제연구소 소장으로 1966년 허베이성 스자좡시에서 태어났다. 1991~1996년 허베이재경학원(이후 허베이경제무역대학으로 개명)에서 가르치며, 공업경제학과 현대관리교학 연구실 주임을 역임했다. 1996~1999년간 중국사회과학원 공업경제연구소에서 경영학으로 박사 학위를 받은 뒤 줄곧 같은 연구소에서 연구원, 교수 등을 역임하고 있다. 2011년부터 동 연구소 부소장을 맡았고 2013년 소장으로 임명되었다.

필자는 중국사회과학원 공업경제연구소에서 수학하며 황췬훼이로부터 논문 주제 및 초기 작성 단계에서 지도를 받았다. 그는 젊은 학자답게 매우 논리적이면서도 기업 경영자 못지않은 투지와 적극성을 겸비한 인물이다. 중국사회과학원 공업경제소의 부소장을 맡던 당시부터 중국사회과학원의 차세대 대표주자로 손꼽혔고, 공업경제연구소의 선배 교수들로부터도 두터운 신망을 얻고 있다.

전략자문위원회의 반도체 담당자의 면모를 보면, 통신 및 경영(재무) 전문가들로 구성되었다는 점을 엿볼 수 있다. 분야별로 국가 최고의 전문가들을 모아놓고, 이들에게 산업 정책을 좌지우지할 수 있는 권한을 준다. 영도소조의 마카이 부총리에게도 언제든 '쓴소리'를 할 수 있다. 전략자문위원회 12개의 조별 현황을 소개한다.

전략자문위원회 12개조 개요

구분	조명	조장	인원(명) (조장 포함)
종합	종합정책연구조	야오위동	12
실시 방안	제조업창신중심(공업기술연구기지) 건설공정 실시방안조	간용	13
	공업강국 기초공정 실시방안조	료우바이청	4
	녹색제조공정 실시방안조	인뤠이위	4
	지능제조공정 실시방안조	취시앤밍	8
	첨단장비창신공정 실시방안조	차이웨이츠	7
행동 계획	발전복무형제조삼년 행동계획조	양하이청	4
	제조업질량품패제승삼년 행동계획조	린중친	7
발전 규획	제조업인재 발전규획조	양쉬에산	4
	신재료산업 발전규획조	쉬웨이빈	5
	정보산업 발전규획조(반도체 산업 담당)	우허취앤	4
	의약공업 발전규획조	위밍더	4

자료: 중국 국무원 자료를 바탕으로 필자 정리

/ CHAPTER 4

중국 반도체 산업계와
학계의 주요 인물

5

앞서 중국 정부 인사들의 면면을 살펴봤다. 이제는 산업계와 학계 차례다. 역시 만만찮은 인물들이 포진해 있다. 앞으로 한국 반도체 기업인들은 이들과 어떻게든 만나고 협업할 수밖에 없다. 아울러 앞으로 글로벌 반도체 업계에서 스타로 떠오를 인물들이다. 또한 중국과 겉으로는 멀지만 뒤로 손을 잡고 있는 대만의 반도체 업계 인물들도 주목해야 한다.

산업계

중국 자본의 해외 반도체 기업 사냥이 벌어지는 중심에는 칭화유니그룹 회장 자오웨이궈가 있다. 막강한 자금력으로 중국 내에서 스프레드트럼, RDA 등을 인수하고 미국 마이크론까지 인수하려 했다. 업계에선 이런 그에게 '굶주린 호랑이'라는 별명을 지어줬다. 최근 행보만큼이나 자라온 세월도 파란만장한 인물이다.

1967년 중국 북서쪽 신장 위구르자치구 사만현에서 태어나 어린 시절 양과 돼지를 키우며 자랐다. 1966년부터 10년간 중국을 휩쓴 문화대혁명 기간에 대지주였던 아버지가 신장 위구르자치구로 쫓겨나는 바람에 신장에서 태어나 유년기를 보낸 것이다. 자오웨이궈의 부모는 원래 모두 하남성 출신이다. 척박한 지역에서 돼지를 키우고 팔면서 보낸 어린 시절이 현재 지칠 줄 모르고 해외 기업을 사들이는 자오웨이궈의 성격을 형성했다고 알려져 있다.

1985년 사만현 출신 최초로 중국 이공계 최고 명문인 칭화대에 입학했다. "대학에 들어가기 전까진 내가 천재라고 생각했다. 입학한 뒤에야 천재는 (내가 아니라) 바로 이 사람들"이라는 것을 알게 되었다고 회고하기도 했다.

칭화대학 전자공학과를 졸업한 뒤 엔지니어로 3년 정도 일하다가 칭화유니그룹에 입사하면서 서서히 반도체 분야를 접하게 된다. 사실 칭화유니는 2015년 마이크론 인수를 시도하기 전까지는 세계 반도체 업계에서 무명에 가까웠다. 그랬던 칭화유니가 갑자기 수십조 원을 들고 나타나 '기업 쇼핑'을 시작하자 세계 반도체 업계는 그의 정체를 궁금해하기 시작했다. 로이터 통신은 자오웨이궈의 배후에 후진타오胡錦濤 전 국가주석의 아들인 후하이펑胡海峰이 있다고 보도했다.

후하이펑은 2008년 칭화유니그룹의 모회사인 칭화홀딩스의 당위원회 서기를 역임한 바 있다. 지금은 이미 자리에서 물러나 있다. 막대한 자금의 배후에 중국 정부가 있을 것이란 추측에 대해 그는 "추측은 난무하나 사실과 다르다. 나는 비즈니스 관점에서 자금을 투자하여 수익을 얻고 그 수익으로 운용할 뿐이다"라고 일축했다.

중국 정부도 그가 정부와는 상관없는 '비즈니스맨'임을 은연중 강조하고 있다. 하지만 중국에서 오랜 기간 반도체 산업을 살펴본 필자 입장에서는 정부가 일부러 그를 보호하기 위해 '연막'을 친다는 느낌을 지울 수 없다. 실제로 수십 조 원에 달하는 자금이 정부가 아니고는 나오기 힘들기도 하다.

자오 회장의 무차별적 해외 기업 사냥에 대해서는 미국, 대만 등의 기업은 물론 정부도 상당히 경계하고 있다. 중국 내부적으로도 '단순히 자본놀이를 즐기는 투자자'라는 비난도 적지 않다. 폭스콘의 모기업인 대만 홍하이鴻海의 궈타이밍郭台銘 회장은 "자오웨이궈는 주식투자자에 불과하다"라고까지 혹평하기도 했다.

자오웨이궈는 본인의 인수합병 방식에 대해 "마치 여성 고객이 쇼핑하는 것과 같다. 사려는 제품만 사고 나면 백화점을 빠져나오는 남성 고객과 달리 보편적인 여성 고객은 꼭 구입하지 않더라도 이 제품 저 제품 입어보고 만져보고, 마음에 들면 구매한다. 구입하고 나면 오랜 기간 잘 간직하는 한편, 또 다른 좋은 제품이 눈에 띠면 사고 싶어 하는 심정이다"라고 말하기도 했다. 업체당 수천억 원에서 수십 조 원에 달하는 M&A를 하면서 그것을 '여성 쇼핑'으로 비유한 것을 보면 그가 얼마나 대범한 인물인지 알 수 있다. 대만 정부가 자오 회장의 M&A를 견제하자 그는 이렇게 말하기도 했다.

"대만 분들께 제안합니다. 비즈니스는 대등한 거래입니다. 그러나 대만이 중국 자본의 대만 기업 인수에 대해 폐쇄적으로 나온다면 대만의 인재를 스카우트할 수밖에 없습니다."

 중국 최대이자 세계 5위 파운드리 업체인 SMIC의 총수 쵸우츠원은 1956년에 태어나 미국 콜롬비아대학에서 EMBA 과정을 마치고 미국 버클리대학에서 박사 학위를 받았다. 세계반도체연맹의 이사도 맡고 있다.

젊은 시절 독일 뮌헨 고체기술연구소에서 근무한 뒤 미국 AT&T 실험실을 거쳐 세계 최대 파운드리인 TSMC에 입사, 공장 총감을 역임했다. 2001년 쵸우츠원은 장야칭과 함께 SMIC를 세우고 부총재를 맡아 일했다. 하지만 장야칭과의 갈등으로 2005년 회사를 떠나기도 했다. 당시 중국 반도체 업체인 화홍NEC의 왕잉궈 총재는 쵸우츠원을 경영 부총경리로 채용했으나, 화홍NEC의 12인치 반도체 생산라인 건설이 차질을 빚으면서 왕잉궈와 쿄우츠원을 포함한 담당자들 모두가 화훙NEC를 떠난다.

쿄우츠원은 말레이시아 파운드리인 실테라silTerra에 임원으로 가고, 왕잉궈는 SMIC의 CEO로 자리를 옮겼다. 2009년 2월 화훙NEC와 훙력반도체 합병이 추진되었고 이에 힘입어 화훙NEC 12인치 반도체 생산라인 건설이 재추진되면서 쿄우츠원은 화훙NEC의 CEO로 채용되었다. 2011년 8월, 왕잉궈의 뒤를 이어 SMIC의 CEO로 고향에 돌아온 것이다.

업계에서 쿄우츠원은 온갖 우여곡절을 겪으며 성장한 CEO로 평가받는다. 2016년 3월, 쿄우츠원은 "14나노 공정에서 SMIC는 인텔, 삼성, TSMC에 비해 너무 뒤쳐져 있다. 그러나 이들을 따라잡기 위한 SMIC의 노력은 지속될 것이다"라고 강조했다.

2015년 반도체 후공정 패키징시장에 지각변동이 일었다. 세계 4위 패키징 업체인 싱가포르의 스태츠칩팩이 무명인 중국 JCET(창뎬과기)에 인수된 것이다. 글로벌 패키징시장은 대만의 ASE와 SPIL, 미국 앰코테크놀로지Amkor Technology, 싱가포르 스태츠칩팩 등이 절반을 차지해왔다. 미국과 유럽에 고객이 많은 스태츠칩팩을 인수한 JCET는 세계 3위권으로 단숨에 뛰어올랐다.

JCET의 왕신차오 국장은 1956년에 태어나 1972년부터 17세의

나이에 공장에 취직, 독학으로 전문대학 학위를 취득했다. 1972년 쟝수성 JCET에 입사한 뒤 부공장장 등을 거쳐 현재 이사장의 자리에 올랐다.

중국의 대형 반도체 기업 국장들이 유명대학 출신인데 반해 왕신차오는 공장 직원으로 사회생활을 시작한 뒤 독학으로 학사 학위를 받은 입지전적인 인물로 평가된다. 중국의 둥난대학에서 박사 학위를 받고 화중과기대학에서 겸직교수로도 활동 중이다.

왕신차오는 중국 자본의 대만 기업 사냥 선봉에 서 있다. "대만이 중국 자본에 문을 열지 않으면 중국은 대만 인력을 빼갈 것"이라고 공개적으로 언급하기도 했다. 2014년 JCET의 연간 수익이 10억 달러(약 1조 1200억 원)였을 때 스태츠칩팩 인수에 7억 달러(약 7900억 원) 이상을 투입할 정도로 인수합병에 적극적인 인물이다.

창창메모리의 CEO 양스닝은 사이먼 양이라는 미국 이름으로 더 유명하다. 1959년생으로 미국 국적이다. 상하이과학기술대학(현 상하이대학) 전자계측기기학과를 졸업한 뒤 공학 분야 사립 명문인 미국 렌셀러폴리테크닉대학에서 물리학 석사 및 재료공학 박사 학위를 받았다. 중국의 국가적 인재 육성 프로젝트인 천인계획 구성원에 포함된 인재다. 미국 인텔에서 근무했고 2010년 2월 중국 최대의 파운드리 업체인 SMIC의 COO로 임명되어 근무했다. 2011년부터는 XMC의 CEO로 자리를 옮겼다. XMC는 3D 낸드플래시를 만드는 회사다.

중국 반도체 업계의 대표 기업인 SMIC와 XMC를 두루 거친 것만 봐도 중국 반도체 업계의 핵심 인물임을 알 수 있다. 그는 2016년 10월 25일부로 XMC를 그만두고, 2016년 7월 설립된 신생 기업 창장메모리 CEO로 다시 자리를 옮긴다. 창장메모리는 칭화유니와 XMC의 합작사다. 창장메모리는 우한에 위치해 있다. 우한이 위치한 후베이성과, 허페이가 위치한 안훼이성은 좌우로 붙어 있고, 양자강을 따라 우한-허페이-상하이로 연결되는 벨트를 구성한다. 허페이는 메모리 산업의 전체적인 생태계를 갖춘 도시로 메모리 설계에서부터 모듈 생산 제조까지 전반적인 사슬을 갖추려 노력하고 있다. 우한-허페이-상하이 벨트는 향후 중국 메모리반도체 개발의 핵심 지역으로 커나갈 가능성이 높다.

 현 XMC의 CEO인 홍펑은 1960년 상하이에서 태어났다. 미국 국적자다. 1979~1983년 상하이 푸단대학에서 물리학을 전공하고 1983~1986년 같은 대학 전자공학과에서 석사 학위를 취득했다. 1989~1993년엔 미국 노스캐롤라이나 주립대학에서 재료공학으로 박사 학위를 취득했다. 1994년부터 2002년까지 인텔에 근무하면서 마이크로프로세서와 메모리칩 제작에 필요한 연구 개발, 기술 이전, 대규모 생산을 담당했다. 인텔 내에서 수차례 우수 사원으로 뽑히기도 했다. 2007년 3월~2008년

12월에는 싱가포르 차터드세미컨덕터Chartered Semiconductor에서 R&D 총감을 역임하고, 2009년 1월~2010년 3월에는 세계 최대 자동차반도체 업체인 NXP의 지린지사 총경리를 지냈다. 2010년부터는 중국 반도체 업계로 자리를 옮겨 SMIC에서 일하다가 2016년 10월 사이먼 양이 XMC를 떠나면서 XMC의 CEO 자리를 물려받았다.

외유내강 스타일로 평가받는 홍펑은 중국의 유명한 생물학자이자 중국과학원 원사를 지냈던 홍명민洪孟民의 아들이다. 2012년 11월 19일 부친 홍명민의 장례식에는 당시 국가주석 후진타오와 원자바오溫家寶 총리를 포함한 국가급 지도자들도 대거 참석했다. 홍펑은 부친의 업적과 명예에 누를 끼칠까 조심히 처신하며, 업무에 매진하는 스타일이라는 게 업계의 평이다.

중국은 반도체 패키징 분야에서 만만치 않은 경쟁력을 가지고 있다. 앞서 언급한 JCET와 더불어 중국 반도체 패키징 산업을 이끄는 회사로는 난통후지츠가 꼽힌다. 이 회사는 스(한자로는 석) 씨 부자가 이끈다.

아버지인 스밍다는 1945년 10월 출생으로 장수성 난통 사람이다. 1963년 난징대학 물리학과에 입학해 1968년 반도체 전공으로 졸업한 뒤 난통 트랜지스터 공장의 엔지니어로 입사하여 공장장, 총경리 등을 거쳤다. 2008년 12월부터는 난통후지츠 마이크로전자 주식회사의 이사장으로 일하고 있다.

스밍다의 아들 스레이는 1972년 태어나 1993년 난징이공대학 정보공정학원을 졸업했다. 현재 상하이의 푸단대학에서 정보과학 및 마이크로전자 및 고체전자 분야로 박사 과정을 밟고 있다. 1993년 난통시의 무역회사 사원으로 사회에 발을 내디딘 이후 의료기기 회사와 난통시 숭천 경제개발구 관리회사에서 각각 무역 업무를 익히고 2003년부터 반도체 패키징 업계에 진출했다. 2008년부터 난통후지츠 마이크로전자 주식회사의 총경리를 맡고 있다.

스레이는 사업을 추진하는 데 통이 큰 것으로 알려져 있다. 젊은 경영자인 스레이는 중국반도체산업협회 부이사장 등을 맡으며 업계에서 활발히 활동하고 있다.

 딩원우는 현재 세계 반도체 업계가 가장 주목하는 인물이다. 현재 세계 반도체 업계의 가장 '큰손'인 중국 정부의 '빅펀드'를 이끌고 있기 때문이다.

1962년 닝샤회족자치구에서 태어난 딩원우는 중국 소수민족인 회족이다. 1988년 안훼이성 허페이공업대학 전자공학기술학과를 졸업한 뒤 현 공업정보화부의 전신인 정보산업부에서 전자정보산업관리국 부국장을 역임하고, 공업정보화부에서 전자정보국 부국장을 지냈다. 2011년 8월부터 공업정보화부 전자정보국 국장에 임명되어 근무하다가 빅펀드가 조성되면서 빅펀드 운용사 총재로 자리를 옮겼다.

딩원우는 평소 중국 반도체 산업 발전을 위해서는 계획성 있는 정부의 주도적 역할, 자체 개발 능력 제고를 위한 시장 환경 조성, 핵심 기술 개발을 위한 인재 육성 및 자본의 효율적 배분, 산업구조 조정 가속화, 개발된 반도체를 수용할 수 있는 중국의 내수 기반 확대, 중국산 반도체의 수출 노력 강화 등이 수반되어야 한다고 주장해왔다.

빅펀드를 담당하면서 한국 기업에 대해서는 그다지 좋은 이미지를 갖고 있지 않다는 것이 주변의 평이다. 한국 기업들이 빅펀드 운용사를 접촉하는 과정에서 중국과의 진정한 협력보다 펀드 운영 관련 정보 습득에 집중한다고 생각하여 안 좋은 인상을 받은 것으로 알려져 있다.

학계

 칭화대학 전자공학과 교수인 웨이사오쥔은 중국 반도체 업계의 '브레인' 중 한명으로 불린다. 2016년까지 중국반도체산업협회 회장을 지낸 뒤 다시 학교로 돌아가 지금은 후진 양성에 매진하고 있다. 1958년 베이징에서 출생한 뒤 칭화대학에서 전자공학으로 학사 및 석사 학위를 받았다.

옛 정보산업부(현 공업정보화부) 기술연구원 부총경리, 다탕전신 부총재, 중국통신학회 청년위원회 위원, 중국전자학회 고급회원 등 중국 반도체 업계에서 다양한 직책을 거쳤다. 전자업계의 세계적인 석학들만 모여 있는 전기전자기술자협회IEEE 회원이기도 하다.

해외 경험도 풍부하다. 벨기에에서 수학하고 1992년부터 3년간 벨기에 몬스이공대학 조교수로 근무한 뒤 1995년 귀국했다. 지금은 칭화대학에서 시스템반도체 교육에 집중하고 있다. 웨이 교수가 개설한 '디지털 VLSI(Very Large Scale IC, 초고밀도 집적회로)의 고차원 종합이론'은 칭화대학 전자공학도들의 필수과목이다.

그는 중국의 전자공학도들에게 현재 범용 기술 이외에 고부가가치 시스템반도체 개발 및 통신과 안보의 중요성을 강조해오고 있다. 특히 미국 등 선진국의 중국 반도체 산업 견제에 대해 대외적으로는 중국의 약점을 내세워 안심시키고, 대내적으로는 약점 보완을 위한 정책 수립과 후진 양성에 매진하고 있다는 게 업계의 평가다. 영어에 능통하며 "선진국의 반도체 특허가 세계 각국의 완제품 업체들에게 전달되어야 한다"고 주장한다.

모따캉은 중국 반도체 산업 50년 역사와 함께 걸어온 증인이다. 현재 중국 반도체 산업의 원로 역할을 하며 쓴소리를 아끼지 않고 있다.

1958~1963년 저장대학에서 반도체를 전공하고 1963~1987년

중국과학원 전자연구소에서 계획처장을 지냈다. 1987~1995년 중국과학원 동방과학기술에서 총경리를 역임한 뒤, 1995~2005년에는 미국 반도체 장비 업체 어플라이드 머티리얼스Applied Materials에서 기술서비스 총감으로 일했다. 어플라이드 머티리얼스는 노광기를 비롯한 반도체 주요 장비를 만드는 세계 최대 장비 업체 중 하나다. 2002년부터 현재까지는 어플라이드 머티리얼스와 중국 안방보험의 고문으로 활동 중이다. 반도체 관련 100여 편 이상의 논문을 발표했다.

그는 중국 반도체의 미래에 대해 예찬론만 늘어놓지 않는다. 따끔하고 현실적인 질책을 내놓는 것으로 유명하다. 2016년 그가 언론을 통해 했던 말을 복기해보면 이렇다. "중국이 일본으로부터 원재료 수입을 중단한다면 2주 내에 중국의 웨이퍼 가공이 중단된다. 중국 기업들은 글로벌 시장에서 아직 현저히 뒤떨어져 있다. 설계와 패키징 분야에서 두각을 나타내는 기업이 일부 있는 것을 제외하면 제조, 장비 및 소재 등 각 분야에서 중국은 아직 갈 길이 멀다." 현 상태에 만족하지 말고 원재료와 장비에 이르는 완벽한 반도체 생태계 구축을 제언한 것이다.

중국이 메모리 산업을 집중 육성해야 한다고 주장한 것도 모 교수다. 그는 "2014년 중국의 D램 수입이 179억 달러로 전 세계 D램 매출액의 38%를 차지했고, 낸드플래시 수입은 68억 달러로 전 세계 낸드플래시 매출액의 28%에 달했다"며 "한국과 일본의 반도체 산업이 메모리 산업에서부터 시작한 것처럼 중국도 메모리 분야에서부터 반도체시장에 뛰어들어 고수익 구조를 창출해야 한다"고 강조했다.

그는 일본과 대만의 기술력과 중국의 자금력을 결합하여 메모리 분야에서 시장점유율을 확대해야 한다고 강조한다. 삼성전자와 SK하이닉스 독주 체제를 무너뜨리기 위해서는 일본-대만-중국 간 연합 전선을 구축해야 한다는 것이다. 최근 메모리 사업에 100조 원 이상을 투자하려는 칭화유니의 계획에 대해서는 "용두사미로 끝날까 우려된다. 칭화유니가 중국 메모리 산업 발전을 책임져야 한다는 부담을 가져서는 안 된다"라고 언급하기도 했다.

중국의 빅펀드 운용에 대해서는 이같이 조언했다. "연구개발, 인수합병, 합자합작 등 3가지 트랙을 모두 함께 추진해야 한다. 이 중 가장 중요한 것은 역시 연구개발이다. 빅펀드의 지원으로 최첨단 기술을 갖춘 선진 기업을 인수할 수는 있어도 돈으로 기술을 체화할 수는 없다. 시장과 기술을 맞바꾼다는 정책도 오랜 기간 시도되어왔으나, 시장을 내준다고 해서 기술을 중국 것으로 만들 수는 없다. 자본으로 기술을 사들이고 시장과 기술을 교환할 수 있다는 환상을 깨고 중국 자체 기술 개발에 주력해야 한다. 기술 개발과 체득에 지름길은 없다." 업계에서는 중국 반도체가 무서운 이유로 엄청난 자금력과 더불어 모 교수와 같은 진정한 '제언자'가 있다는 점을 꼽기도 한다.

중국과학원 마이크로전자연구소 소장인 예티앤춘은 1965년에 태어난 젊은 과학자다. 푸단대학 전자공학과를 졸업한 뒤, 1986~1992년 중국과학원 마이크로전자연구소에서 엔지니어로 근무했다. 1992~1993년엔 일본이화학연구소에서 방문학자로 일했다. 이후 다시 마이크로전자연구소에서 일하다 2007년 소장으로 선임됐다.

학술 논문이 100여 편에 달하는 전형적인 학구파 과학자다. 주로 시스템반도체 연구에 몰두하며, 중국 정부가 주도하는 각종 반도체 국책 연구에 동참해왔다. 그는 중국시장의 반도체 수급 불균형이 매우 심각한 상황이며 중국의 제조 능력이 현저히 떨어져 있다는 점을 계속 지적하고 있다. 중국이 세계의 공장 역할을 하는 과정에서 대부분의 산업은 공급 과잉으로 몸살을 앓는 반면, 유독 반도체 분야에서는 공급이 수요를 못 따라가고 있다는 게 그의 지적이다. 핵심 반도체를 수입에 의존하는 상황이 지속되고 자체 개발이 늦춰지면 중국의 안보에도 심각한 영향을 미칠 것으로 우려하고 있다.

빅펀드에 대해서도 쓴소리를 아끼지 않는다. 그는 "대형 펀드가 시장에 투입된다고 해서 중국 반도체 산업이 발전할 것이라는 막연한 기대는 접어라. 중국의 시스템반도체 발전이 늦은 이유는 자본 투자가 지속적으로 이뤄지지 않고 그때그때 간헐적으로 이루어진 결과다. 이로 인해 선진국과의 격차는 날로 벌어지고 있다"고 경고하기도 했다.

미국의 중국 반도체 견제를 비판하는 대표 주자기도 하다. 그는 "반도체 업계의 글로벌 M&A 가운데 중국이 인수한 것은 12%에 불과하다. 중국에 인수되는 기업은 반도체 일류 기업이 아닌 2, 3류 기업이다"라며 "가장 많은 M&A를 하는 미국이 중국을 견제하는 것은 어불성설"이라고 주장하고 있다.

대만 반도체 업계

대만 반도체 산업의 아버지 장중머우는 모리스 창으로 더 잘 알려져 있다. 세계 최대의 반도체 파운드리 업체인 TSMC의 회장이다. TSMC는 대만 기업이지만 장 회장은 중국 본토 출신이다.

1931년 7월 중국 저장성 닝보에서 태어난 장중머우는 중국의 내전으로 인해 10살 때까지 가족을 따라 난징, 광저우, 충칭, 상하이, 홍콩 등지를 전전했다. 1941년 홍콩이 일본에 의해 점령되자 부모를 따라 충칭으로 가서 학업을 계속한 뒤, 1949년 미국 하버드대학에 입학한다. 당시 1,000여 명의 신입생 가운데 유일한 중국인이었다. 하버드대학을 1년만 다닌 뒤 MIT로 적을 옮겨 기계공학을 전공한다. MIT에서 학사와 석사를 마친 그는 MIT에 박사 과정을 신청했으나 연거푸 두 차례나 낙방한다. 낙심한 그는 취업을 결심하고 이력서를 여러 군데 넣었으나 역시 쉽지 않았다. 그 유명한 MIT에서 석사까지 마친 장중머우에게 웬만한 회사는 눈에 차지도 않았고, 유명 대기업의 눈에 장중머우는 그저 수많은 석사 학위 취득자의 한 명에 불과했다. 마침내 4개 회사에서 오퍼를 받은 그는 마음에 드는 두 회사를 놓고 고민했다. 가장 마음에 드는 포드 자동차는 전공과도 일치하는 세계 최고의 자동차 메이커였다. 또 하나 비교적 마음에 드는 회사는 실베니아Sylvania라는 반도체 회사였다. 그다지 유명하지 않은 회사였지만 포드보다 월급이 1달러 더 많았다. 장중머우는 포드 측에 급여가 적으니 더 달라고 협상을 시도했다. 그러나 포드는 "우리는 급여를 가지고 협상하지 않는다. 올 거면 오고 말 거면 마라"며 단호히 제의를 거절한다. 장중머우는 이렇게 반도체의 길로 들어선다.

실베니아에서 3년간 일한 그는 텍사스인스트루먼트로 자리를 옮기고, 수율을 혁신적으로 개선시키며 업계의 스타로 떠오른다. 1987년 TSMC를 창업한 뒤 세계 최대 파운드리로 키워냈다. TSMC는 애플 아이폰에 들어가는 AP의 주요 생산업체다. 세계 파운드리 시장의 절반 가까이를 점유하고 있다.

 대만 폭스콘을 거느린 홍하이그룹의 회장 궈타이밍은 1950년 대만에서 태어났다. 1966년 대만의 중국해사전문학교에 입학, 주경야독으로 졸업했다. 군 제대 후 복흥항운회사에서 근무했다. 1973년 친구와 함께 홍하이플라스틱 유한공사를 설립하고 플라스틱을 생산하다가 1년이 채 안 되어 궈타이밍이 전액 출자한 회사로 탈바꿈했다. 당시 대만에서 흑백 TV가 붐을 타기 시작했고, 궈타이밍은 TV용 플라스틱 생산을 통해 사업의 틀을 잡아가기 시작했다. 그 당시 홍하이그룹의 규모는 30만 대만달러와 15명의 직원에 불과했다. 1982년 홍하이그룹은 1300만 대만달러를 투자하여 컴퓨터 생산라인을 확보하고 1985년 미국에 공장을 세워 폭스콘 브랜드를 개발했다. 2005년에 전처를 유방암으로 잃는 아픔을 겪은 궈타이밍은 2008년에 24세 연하인 두 번째 아내와 결혼하면서 회사 재산의 90%를 공익 활동에 기부하겠다고 선언했다.

주변인물들이 말하는 궈타이밍의 장점은 기술자로서의 실력을 갖춘 데다 겸손한 자세로 사업을 챙기며, 흔들림 없이 꾸준하게 한 방향으로 밀고나간다는 점이다. 매일 16시간을 일하며 저녁이 되면 자전거용 벨이 달린 골프카트를 직접 몰고 공장 곳곳을 순찰한다. 순찰 중 생산라인을 불시에 방문하여 생산 현장을 점검하고, 직공들이 생산 설비를 수리하는 것을 직접 도와주기도 한다. 수십 년간 지속해온 습관이라고 한다.

궈타이밍의 홍하이그룹은 일본 샤프를 인수했다. 샤프는 LCD를 만들고 있지만, 삼성의 반도체 '스승'이기도 하다. 2016년 11월 궈타이밍은 "샤프가 홍하이그룹과 손잡을 수 있다면 샤프의 기술, 대만의 반도체 제조 능력, 중국의 젊은 엔지니어가 연합하여 큰 힘을 낼 수 있을 것"이라고 말하기도 했다.

한국 반도체의 현재와 미래

메모리반도체 슈퍼사이클을 누리는 한국

1

지금까지 보아왔듯 중국 반도체의 위협은 만만치 않다. 그러나 한국에서는 이 같은 위기감이 거의 느껴지지 않는다. 이유는 간단하다. 현재 한국 반도체가 너무도 '잘나가고' 있기 때문이다.

삼성전자는 2017년 1월 6일에 2016년 4분기 잠정 실적을 발표했다. 삼성전자는 2016년 하반기 갤럭시노트7 폭발 여파로 스마트폰 실적이 크게 부진했다. 그런데도 무려 9조 2000억 원의 영업이익을 올렸다. 이 중 반도체가 올린 영업이익은 5조 원에 육박한다. 전체의 절반을 넘어서는 것이다. 시장에서는 당초 8조 원대의 영업이익을 예상했지만 반도체 판매가 기대 이상으로 좋았다.

요인은 크게 두 가지다. D램의 경우 세계시장의 80%를 차지하고 있는 삼성전자와 SK하이닉스가 추가적인 투자를 하지 않고 있다.

오히려 일부 D램 라인을 3D 낸드플래시로 전환하고 있다. 2016년 상반기까지만 해도 D램 가격은 떨어지고 있었다. 스마트폰 시장의 성장세가 예전 같지 않았고 PC시장도 줄어들고 있었기 때문이다. 하지만 업체들이 수급을 조절하는 와중에 중국 스마트폰 업체들이 예상보다 생산을 늘리면서 D램 값이 폭등했다. 낸드플래시의 경우 앞서 언급한 대로 클라우드 투자가 늘어나면서 판매가 크게 늘었다.

이 같은 흐름은 삼성전자에 두 배의 호재였다. 원래 D램은 낸드플래시보다 영업이익률이 높았다. 그런 D램의 판매가 견고한 상태에서 낸드플래시시장이 커지면서 낸드의 영업이익률까지 올라갔다. 특히 삼성전자가 시장을 장악하고 있는 3D 낸드플래시 분야는 이익률이 계속 올라가고 있다. 그래서 시장의 예상을 뛰어넘는 실적을 올린 것이다. 삼성전자가 분기 9조 이상의 영업이익을 올린 것은 2013년 3분기 10조 1600억 원 이후 13분기 만이었다. 당시가 이제까지의 최고기록이다.

2017년은 더 좋을 것으로 예상된다. 업계에서는 삼성전자가 이 해에 46조 5519억 원의 영업이익을 올릴 수 있을 것으로 전망하고 있다. 2013년 스마트폰 사업이 폭발적으로 성장하면서 기록했던 36조 7000억 원을 가뿐히 뛰어넘는 사상 최대 수치다. 이 중 반도체는 23조 6000억 원 정도를 올릴 것으로 시장은 보고 있다.

SK하이닉스도 전망은 밝다. 이 회사는 2014년과 2015년에 각각 5조 1100억 원, 5조 3400억 원의 영업이익을 달성하며 2년 연속 사

삼성전자의 사업부별 영업 이익 전망

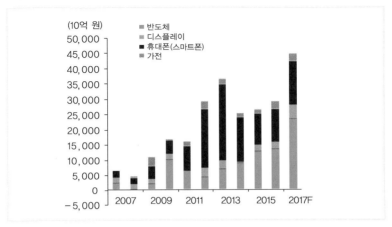

자료: 유진투자증권

SK하이닉스의 실적 전망

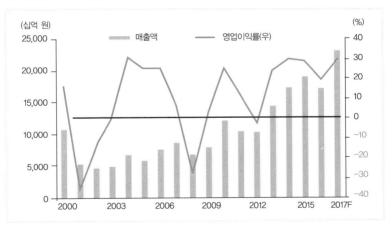

자료: SK하이닉스, 유진투자증권

상 최대 실적을 경신한 바 있다. 2016년엔 상반기 D램 값 하락으로 영업이익이 3조 원대로 추락했지만 2017년에는 반등이 예상된다. 업계에서는 SK하이닉스가 2017년에 10조 8991억 원의 영업이익을 올릴 수 있을 것으로 전망하고 있다.

한국 반도체 업계에서는 2017년의 최대 실적마저도 '시작일 뿐'이라고 말한다. 한 반도체 업체 고위관계자는 "지금은 업체들이 줄을 서서 '물량만 주면 가격은 상관없다'고 얘기하고 있는 상황이다"라며 "한국 메모리 업체의 중국 법인장은 중국 전자업체의 오너 경영인들도 자유롭게 만날 수 있다"고 말했다.

상황이 이렇다 보니 중국발 위기론이 좀처럼 먹혀들지 않는다. 기업들은 "중국은 우리를 절대 따라올 수 없다"라는 자신감에 충만해 있다. 정부나 여론은 돈을 잘 벌고 있는 반도체 산업에 큰 관심을 갖지 않는다. 굳이 관심을 갖는다면 "저렇게 돈을 잘 버니 법인세를 올려야겠다"라고 하는 정도다.

그러나 학계나 시장의 의견은 다르다. 지금부터 대비하지 않으면 늦는다는 것이다. 한 반도체 전공 교수는 "기업인들, 특히 사장급들은 자신이 근무할 3~5년만 본다. 그 이후는 보지 않는다"며 "또 자신이 개발한 상품이 시장에서 팔릴 때 그 자부심 때문에 먼 미래를 준비하지 않는다"고 말했다. 정권이 5년마다 바뀌는 한국 상황에서 정치인이나 정부에 기대할 수 있는 것도 많지 않다. 대기업의 사업을 돕겠다고 나서면 욕부터 먹는 한국의 상황에서는 더더욱 그렇다.

중국을 만만하게 본
한국

—
2
—

삼성에 차인 중국, 퀄컴과 손잡다

2014년의 일이다. 당시 기자는 중국의 반도체 굴기에 대한 의지를 보기 위해 SMIC에 취재를 가고 싶다는 의사를 타진했다. SMIC는 말 그대로 기자를 '대환영'했다. 취재 일정은 일사천리로 잡혔고 8월께 공장을 방문할 수 있었다. 그때 기자가 만난 SMIC 관계자들은 계속 "한국과 협력하고 싶다"는 메시지를 반복적으로 던졌다. 중국 입장에선 당연한 일이었다. 앞서 여러 번 언급한 대로 반도체는 돈을 쏟아붓는다고 하루아침에 키울 수 있는 사업이 아니다. 복잡한 기술은 물론 오랜 시간 쌓아온 노하우가 절실히 필요하다. 중국 입장에서는 갈등 관계인 미국보다는 당연히 한국과 손을 잡고 싶었을 것이다.

SMIC 방문 이후 한국에 들어와 삼성전자를 취재하던 중 재미있는 소식을 접했다. SMIC가 삼성전자에 14nm 핀펫 AP 기술을 전수해달라고 요청했다는 것이다. 14nm 핀펫은 당시 삼성전자가 막 양산을 시작한 최신 공정이었다. 당시 SMIC는 28nm 공정 양산 기술 정도를 갖고 있었다.

전해들은 바로는 삼성전자 수뇌부에서 기술 이전 여부를 놓고 격론을 벌였다고 한다. 기술을 이전해야 한다는 쪽은 세계 최대 시장을 갖고 있는 중국과 우호적인 관계를 가져가는 게 맞다고 주장한 반면, 기술 이전을 반대한 쪽은 "어떻게 개발한 기술인데 이걸 이전해 주느냐"며 맞섰다고 한다. 찬성한 쪽은 주로 마케팅이나 영업을 거친 쪽이었으며, 반대한 쪽은 엔지니어 출신들이었다고 한다. 전해 듣기로는 이재용 부회장도 기술 이전에 찬성하는 의견을 냈다고 하는데 정확히 확인할 순 없다. 결론은 기술 이전을 하지 않는 것으로 났다. 당시 반도체 사업부 최고위직은 모두 엔지니어 출신이어서 이들의 주장이 먹혔다는 얘기가 전해졌다.

그리고 2015년, 중국의 반도체 굴기가 본격적으로 표출되기 시작했다. 어마어마한 투자, 마이크론을 인수하겠다는 공격적 M&A 의지 등이 드러났다. 이 중 기자가 주목했던 회사는 XMC였다. 처음부터 3D 낸드플래시를 집중 개발하고 있다는 점에서 한국에 위협이 될 수 있을 것으로 봤다. XMC 현장 방문을 위해 취재 요청을

했으나 분위기는 지난 해와 달랐다. XMC 측은 이런저런 핑계를 대며 거절했고, 중국반도체협회 등 다양한 루트를 활용해봤지만 분위기는 냉담했다. 그리고 2015년 중반, 재미있는 일이 일어났다. 중국은 삼성과 AP 설계 분야 라이벌이자 세계 1위인 퀄컴에 반독점법 위반으로 60억 8800만 위안(약 9800억 원)의 벌금을 물렸다. 그리고 중국시장에서 쫓아낼 수도 있다는 엄포를 놓기 시작했다. 퀄컴은 한껏 위축됐다.

같은 해 6월 23일, 중국의 국회에 해당하는 베이징 인민대회당에서 한 행사가 열렸다. 바로 퀄컴과 SMIC가 합작사를 세우는 것을 기념하는 행사였다. 중국 정부가 주도해 만든 합작사인 '중신 국제 집적회로 신기술연구기업(중신반도체)'은 SMIC와 퀄컴은 물론 화웨이와 벨기에의 반도체 설계 전문 기업 IMEC까지 참여했다. 특히 이 자리에는 시진핑 중국 국가주석이 직접 참석했다. 중신반도체는 보도자료를 통해 "이 합작사는 14nm 핀펫 기술을 개발할 것"이며 "회사 운영은 SMIC가 맡고, SMIC는 중신반도체가 개발한 모든 기술에 대한 사용권도 갖는다"고 공식 발표했다.

기자는 그제야 한국 기자의 취재 요청에 대한 중국 측의 태도가 왜 1년 만에 완전히 바뀌었는지 어렴풋이 짐작할 수 있었다. 삼성에 손을 내밀었다 거절당한 SMIC는 새로운 파트너로 퀄컴을 택한 것이다. 거액의 벌금을 맞은 퀄컴은 울며 겨자 먹기로라도 SMIC의 요청을 들어줄 수밖에 없었을 것이다. 결과적으로 중국은 삼성이 주지 않더라도 14nm 기술을 갖게 됐다. 그리고 2년이 지난 2017년, 올해 나오는 플래그십 스마트폰인 삼성의 갤럭시S8, 애플의 아이폰8 등은 10nm 공정을 기반으로 한 AP를 장착한다. 14nm는 이미 '옛날 기술'이 돼버린 것이다.

시계를 2년 전으로 돌려서, 만약 삼성전자가 SMIC에 14nm 핀펫 기술을 이전했으면 어땠을까. 일단 삼성은 SMIC에서 많은 적든 로열티를 받을 수 있었을 것이다. 그리고 SMIC는 물론 중국과 한층 더 우호적인 관계를 가질 수도 있었을 것이다. 퀄컴이 참석했던 인민대회당에서 열린 행사에 이재용 부회장이 대신 등장해 시 주석과 악수하는 장면이 연출됐을 수도 있다. 세계적인 기업 삼성의 총수라도 한 해에 시 주석을 직접 대면할 수 있는 건 '중국판 다보스포럼'으로 불리는 보아오포럼에서 등 몇 차례 정도다.

당시 삼성이 14nm를 양산하기 시작했다는 건 이미 선행 기술은 예전에 끝났다는 얘기다. 아마 그때 이미 삼성은 10nm에 대한 개발도 거의 끝났을 것이고 양산 방법이나 시기를 조율하고 있었을 것이다. 그러니 그 정도 기술은 그냥 줬으면 어땠을까. 이 책을 마무리하며 삼성이 SMIC와 협력했어야 하는 이유를 다른 저자인 허성무의 박사학위 논문 〈한국 반도체 산업의 중국 내 기술 이전〉을 통해 설명하고자 한다.

왜 한국은 중국과 손잡아야 하는가

다음은 필자가 중국 공무원 양성소라 불리는 사회과학원 교수들 앞에서 〈한국 반도체 산업의 중국 내 기술 이전〉이라는 논문 주제를 허락받기 위해 2013년에 발표한 내용이다.

"교수님들 모두 대당 4,000위안이 넘는 삼성, 애플, 화웨이 등의 좋은 스마트폰을 쓰고 있습니다. 저는 아직 이 180위안짜리 3G 휴대폰을 쓰고 있습니다. 교신에 별 지장이 없고 무엇보다 저렴하기 때문입니다. 그러나 스마트폰 가격이 1,000위안 이하로 떨어진다면 구입을 고려할 겁니다.

가격이 떨어지기 위해서는 선두 기업이 후발주자에게 범용 기술, 즉 이미 상용화된 기술을 이전해줘야 합니다. 범용 기술이라도 양도 또는 이전이 활발해진다면 후발주자들의 기술력이 전반적으로 향상되어 산업경쟁력이 제고됩니다. 이는 생산원가 절감 및 제품 가격 인하로 이어져 소비자 후생이 증대됩니다. 결국 소비가 늘어날 테고 열매는 다시 기업으로 돌아가 자체 재투자로 이어질 수 있습니다. 기업의 연구개발 투자 확대는 더 앞선 미래 기술을 창조하여, 선두 기업은 더욱 빨리 앞서가고 후발주자는 기술 습득을 통해 또 다른 가치를 창출하는 선순환고리를 만들어갈 것으로 기대됩니다.

이를 위해서는 한중 양국 간 적절한 기술 이전이 필요합니다. 한국은 이미 상용화된 기술의 일부를 과감히 중국에 이전하여 로열티 수익을 확보하고, 확보된 수익은 미래 기술 개발에 투자해야 합니다. 중국도 범용 기술 습득과 자체 기술 개발에 박차를 가해 기술력을 높여야 합니다. 한국의 앞선 기술과 중국의 우수한 인력 및 풍부한 자본과 결합하여 글로벌 반도체 공급 사슬 내에서 더 중요한 업스트림up-stream 역할을 담당할 수 있습니다."

엄숙했던 심사장에 미소가 번지고 딱딱했던 분위기도 한층 부드러워졌다. 적정한 기술 이전이 소비자 후생에 기여할 수 있다는 것이 조사를 시작한 기본 동기다. 필자는 이 같은 주장을 계량분석을 통해 증명하고자 했다.

필자는 중국 반도체 산업의 수준을 측정하는 지표로 '중국 반도체 산업의 노동생산성'을 종속변수로 설정했다. 아울러 종속변수에 영향을 끼치는 10개의 독립변수를 정했다. 국가 간 무역을 통해 기술 이전이 이뤄진다는 점은 이전의 많은 연구 결과에 의해 지금은 상식이 됐다. 한 국가의 지식재산권 보호 환경 및 보호 의지, 연구개발 및 생산력 정도도 기술 이전에 영향을 미친다는 연구 결과도 있다. 이러한 점들을 바탕으로 독립변수를 다음과 같이 설정했다.

무역(상품 및 기술) 관련 변수는 3개로 구성된다. 한 국가가 상품 수입을 통해 상품에 내재된 기술을 이전받는 효과가 크다는 연구는

구분		독립변수
무역 (상품 및 기술)		중국의 한국으로부터의 반도체 수입액
		중국의 한국으로부터의 기술도입액
		중국의 전 세계로부터의 기술도입액
중국의 기술 이전 수용 능력 및 수용 환경	지식재산권	한국의 중국으로의 특허 신청량
		중국 내 마드리드 상표 신청량
		중국의 전 세계로의 특허 신청량
	R&D 및 생산 능력	중국의 R&D 지출이 총지출에서 차지하는 비중
		중국의 IT제품 수출이 전체 제품 수출에서 차지하는 비중
		중국의 PC 산업 총생산량
		중국의 IT 관련 기기 산업 총생산량

이미 여러 학자들에 의해 밝혀졌다. 중국이 한국에서 반도체를 수입함으로써 수입자에게는 제품을 공부할 수 있는 기회가 주어진다. 완성품을 분석해 제품의 설계와 기술을 배워가는 역공학逆工學을 통해서도 기술을 습득할 수 있다. 이를 통해 중국 반도체 산업의 생산성이 향상될 것으로 가정했다.

중국 로컬기업과 중국에 진출한 한국 기업 등은 한국산 반도체를 수입한다. 중국이 한국 및 전 세계로부터 기술을 도입하여 기술 이전을 받으면 당연히 반도체 산업의 생산성 향상으로 연결될 것으로 가정했다. 이를 측정하는 지표는 중국이 기술 도입의 대가로 지불하는 로열티로 정했다.

한 나라의 지식재산권 보호를 위한 정부의 의지와 보호 환경을 통해 기술 도입을 위한 여건이 제대로 마련되어 있는지 엿볼 수 있다. 중국으로의 특허 신청이 증가한다는 의미는 기업 간 특허 경쟁이 치열하다는 점을 알 수 있음은 물론, 신청한 특허에 대해 그만큼 제도적으로 보호받을 수 있는 여건이 조성되었음을 반증한다. 중국이 전 세계로 특허 신청을 많이 한다는 것은 중국 정부와 기업이 특허 제도의 중요성을 인식하고 있으며, 중국이 그만큼 자체 개발 기술에 대해 자신감을 가졌다는 의미이기도 하다. 지식재산권에는 특허권, 상표권, 디자인권 등이 포함된다.

연구개발에 투입하는 비용이 많을수록 중국 기업의 생산성이 높아진다고 가정했다. 단순히 연구개발비의 투입이 많다고 생산성이 무조건 높아지는 것은 아니겠지만, 투입이 적은 것보다는 생산성 제고에 기여할 가능성이 높은 것은 사실이다. 전자기기, IT 관련 제품 등 산업의 발전도 이들의 핵심 부품인 반도체 산업의 발전을 이끈다고 볼 수 있다.

경제학의 한 분야인 계량경제학에서는 여러 가지 고도화된 모델을 활용해 경제 현상을 분석한다. 필자는 이런 모델들 가운데 '고전적 선형회귀분석'이란 비교적 간단한 모델을 활용하여 이들 10가지 독립변수가 종속변수에 미치는 영향을 분석해보았다. 계량경제학에 관련된 용어에 대한 설명은 이 책에서는 언급하지 않기로 한다.

분석 결과 10가지 독립변수 모두 중국 반도체 산업의 노동생산성 증가에 뚜렷한 영향을 끼치는 것으로 조사되었다. 한국의 중국으로의 특허 신청량 증가율 변수를 제외한 9개 변수는 플러스 상관관계를 보였다. 이는 이들 9개 변수의 증가율이 높아질수록 중국 반도체 산업의 노동생산성도 제고된다는 것을 의미한다.

주목할 만한 지표는 한국의 중국으로의 특허 신청량 증가율이다. 이 변수는 종속변수에 뚜렷한 영향을 끼치긴 하지만 다른 9개 변수와 달리 '마이너스' 상관관계를 보였다. 이는 한국과 중국 반도체 산업이 '경쟁관계'가 됐다는 증거다.

중국에 투자한 한국 반도체 기업 또는 중국으로 반도체를 수출하는 한국 반도체 기업은 의도하지 않은 기술 유출을 우려한다. 중국 진출 한국 기업은 현지 근로자를 통한 기술 유출, 현지 투자 제도에 의한 어쩔 수 없는 기술 제공을 우려하고, 수출 기업은 완제품 역공학을 통한 기술 유출을 우려한다. 반면 정당한 로열티를 받고 기술을 이전할 경우, 이 기술에 기초하여 중국 기업이 앞서가는 기술에 더 빨리 접근할 수 있다는 우려도 지울 수 없다. 물론 우리 기업이 로열티를 받더라도 최첨단 기술을 이전해줄 리는 만무하다. 몇 세대 뒤떨어진 기술을 이전해주더라도 수적으로 절대적 우세를 가졌고 우수한 인재도 많은 중국이 예상보다 빠른 속도로 기술을 습득하고 개발할 가능성은 얼마든지 현실로 나타날 수 있다.

이러한 여러 가지 걱정 때문에 한국의 중국으로의 특허는 증가할 수밖에 없다. 즉 기술특허 등에 대한 신청 및 확보를 통해 특허를 보호받음은 물론, 확보된 특허의 이전을 통해 로열티를 확보하려는 것이 한국 측의 전략인 것이다. 중국의 지식재산권 보호 의지와 보호 강도가 높아졌기 때문에 우리도 제도를 활용하는 것이고, 그만큼 중국의 기술 도입 환경도 갖추어졌다고 볼 수 있다.

위의 결과를 종합하면 다음과 같이 요약할 수 있다. 한국의 반도체 기업들은 인건비 절감, 현지 고객 확보 등의 요인을 고려해 중국에 공장을 짓는다. 중국에 해외직접투자ODI, Overseas Direct Investment를 하는 것이다. 한국에 위치한 반도체 기업들은 이렇게 중국에 투자 진출한 공장 또는 자회사 또는 중국의 로컬 기업에 반도체 완제품과 기술을 수출한다. 중국도 기술을 받아들일 준비가 돼 있다. 중국 정부의 연구개발 예산 지원이 확대되고 중국 반도체 기업들의 연구개발 투자가 늘어나면서 중국 반도체 산업의 경쟁력은 높아지고 있다. 아울러 향상된 산업경쟁력을 바탕으로 더 앞선 기술을 도입할 수 있는 터전도 마련되었다.

중국 정부의 지식재산권 보호에 대한 의지가 더욱 확고해지고 이에 대한 감독이 강화되고 있는 것도 외국 기업이 중국에 기술 이전을 할 수 있는 긍정적 요인으로 작용한다. 중국 기업이 해외에서의 특허를 늘려가는 것도 중국 기업의 기술력 향상은 물론, 지식재산권을 중시하고 있다는 의미로 받아들여 질 수 있다.

반도체를 핵심 부품으로 삼아 최종 완제품을 만드는 PC, IT 관련 기기 제조 업체들의 생산 증대와 수출 확대도 중국의 기술 도입을 통한 반도체 산업 생산성 확대에 긍정적 요인으로 작용한다. 그리고 중국 반도체 산업경쟁력이 제고되면서 한중 양국 간 반도체 산업 구도는 경쟁 관계로 들어섰고, 우리 기업들은 중국에서 더 많은 특허권을 확보함으로써 핵심 기술을 보호하고자 노력하고 있다.

필자는 위와 같은 계량분석을 바탕으로 이렇게 제안한다.

① 중국을 제조 공장이 아닌 연구개발 협력 동반자로 여겨야 한다

한국은 그간 중국을 '조립 공장' 형태로만 많이 활용했다. 중국의 낮은 인건비와 물류 등을 활용한 형태였다. 그러나 이 같은 방식은 중장기적 관점에서 보면 중국의 풍부한 자금 지원과 우수한 인재와의 협력 기회를 놓치는 결과를 낳을 수 있다. 그러므로 제품 개발 및 설계 단계에서부터 중국과 협력하여 중국 세트 업체들과 소비자의 수요를 예측 발굴하려고 노력해야 한다. 반도체로 한정지어 설명하면 중국의 풍부한 팹, 파운드리와 공조 관계를 유지함으로써 중국 정부의 자금 지원도 받고, 중국의 풍부한 우수 인재를 활용하는 방안을 모색하는 것이다.

이미 상용화되어 업계에서 활용 중인 일부 기술은 한국 기업의 경쟁력 유지에 영향을 주지 않는 범위 내에서 과감히 기술 이전하고, 기술 이전을 통해 확보한 로열티를 활용하여 우리 기업은 더 앞선 미래 핵심 기술 개발에 투자해야 한다.

반도체뿐만 아니라 모든 산업 영역에 걸쳐 중국은 다음과 같은 공통된 양상을 보여왔다. 중국이 외국 기업의 도움이 필요해서 손을 뻗칠 때, 중국의 수요에 부응하여 현지 공장 투자를 한 기업은 충분한 보상을 받았다. 중국 개혁개방의 기본 원칙인 '시장과 기술의 교환'에 부합하는 거래를 한 것이다. 한국 기업이 왜 이렇게까지 해야 하는지 의문을 갖는 사람도 있을 것이다. 답은 간단하다. 시장을 얻으려면 시장이 원하는 것을 주어야 한다. 그 시장이 원하는 제품과 서비스를 제공해야 하고, 그 이전에 시장이 필요로 하는 부분을 충족시켜줄 수 있을 때 우리에게 더 큰 기회가 온다.

② 시스템반도체 분야의 역량 강화가 필요하다

한국 기업이 전 세계 반도체시장에서 우위를 점하고 있는 분야는 메모리다. 그러나 메모리가 반도체 산업에서 차지하는 비중은 30% 미만에 불과하고, CPU 등 더 고도화된 제품에 비해 부가가치도 낮다. 이에 이미 상용화된 범용 기술을 적절히 중국에 이전해주고, 확보한 로열티와 중국 정부로부터의 지지를 바탕으로 앞서가는 미래 기술 연구개발에 좀 더 치중해야 한다.

메모리에만 안주하다가는 언젠가는 따라잡힐 수 있다는 위기의식을 가져야 한다. 한국이 반도체 산업에 뛰어든다고 선언했을 때 일본이 얼마나 우리를 비웃었던가. 그러던 일본은 메모리 분야에서

우리에게 1, 2위 자리를 내주고 말았다. 이런 관점에서도 시스템반
도체 분야에서 중국과의 협력은 의미 있는 일이 될 수 있다.

③ 장비 및 소재 산업의 경쟁력도 강화해야 한다

반도체 생산 장비의 대부분은 일본과 네덜란드산이 주류를 이룬다.
도쿄일렉트론, 도시바, ASML 등이 대표적이다. 장비 제조업은 고
부가가치 산업으로 한중 양국의 반도체 경쟁이 심화될수록 뒤에서
웃는 기업은 일본의 장비 제조 업체들이다. 장비 제조는 막대한 자
금력을 가진다고 하루아침에 따라잡을 수 있는 기술이 아니다. 많
이 만들어보고 실패를 반복하는 과정에서 제조 노하우가 쌓이는 것
이다.

중국 다롄에 위치한 인텔, 시안의 삼성전자, 난징의 TSMC는 일
본 반도체 장비 업계의 우수 고객들이다. 중국에서 사용되는 일본

TEL의 중국 매출 실적

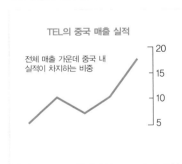

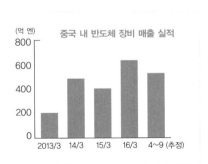

반도체 생산 장비는 거의 모두 일본에서 제조되어 중국으로 수입된다. 최근 중국의 반도체 생산 증대로 일본 장비 제조 업체들이 호황을 누리고 있다.

도쿄일렉트론의 2016년 4~9월 중 6개월간(일본은 회계연도가 4월 1일 시작됨) 중국 내 매출액은 500억 엔을 초과했다. 전년동기대비 무려 60%나 증가했다. 전 세계 시장에서의 매출액 가운데 중국내 실적이 차지하는 비중도 20%에 가깝게 늘었다. 2008년 3월만 해도 도쿄일렉트론의 중국시장 매출은 전 세계 시장 매출의 4%에 불과했다. 하지만 최근엔 3D 낸드플래시 생산 확대로 에칭 장비 수요가 급증하며 중국 내 매출이 급성장하고 있다. 웨이퍼 절삭 장비를 생산하는 일본 디스코Disco의 상황도 비슷하다. 웨이퍼 검사 장비 등의 주문이 밀려들어 반년 만에 2016년 4~9월간 역대 최고인 40억 엔을 수주했다. 아시아에 밀집된 플래시메모리 공장들이 잘 될수록 일본 장비 업체들의 수익성은 제고된다.

앞으로 다가올 반도체 호황기에 이 시장을 계속 일본과 네덜란드가 장악하게 두는 것은 바람직하지 않다. 한국도 이 시장에 과감히 투자해 일본을 따라잡도록 노력해야 한다. 중장기적 안목으로 장비 업계의 대표주자를 키우고 저변을 넓히는 노력이 동시에 이루어져야 한다. 실리콘의 한계를 뛰어넘을 수 있는 신소재 개발에도 한국의 역할이 있어야 한다. 그래핀graphene 상용화와 함께, 더 다양한 신소재 개발이 절실하다. 이 시점에서 넉넉한 자본과 풍부한 인재풀을 갖춘 중국 반도체 업계와의 협업으로 '한 울타리'를 만드는 것도 방법이 될 수 있다.

중국을 무시하지 말자

앞서 언급한 대로 한국 반도체 업계는 스스로에 엄청난 자부심을 갖고 있다. 실적이나 기술력을 봤을 때 이해 못할 상황도 아니다. 정부도 삼성과 SK하이닉스가 잘하고 있는데 반도체 업계에 무슨 지원이 더 필요하냐고 생각한다. 과연 중국도 그렇게 생각할까.

2014년 5월 중순, 허성무 부관장이 박사논문 심사과정에서 겪은 일이다. 중국과학원 교수 한 명이 한국의 반도체 산업에 그렇게 자신 있냐고 질문했다. 허 부관장은 글로벌시장에서 시스템반도체 분야는 한국이 많이 뒤처져 있지만, 메모리 분야와 나노 수준에서의 가공 기술은 중국에 비해 앞서 있는 것이 사실이라고 대답했다. 업계의 상식 수준의 대답이었다.

하지만 그 교수는 "당치도 않다"는 반응을 보였다. 중국의 나노 공정 기술은 이미 10nm 이하로 진입했고, 투자만 하면 상업화도 문제없다며 언성을 높였다. 그는 "한국이 인지하지 못하는 새에 중국이 한국을 역전할 것"이라고 말했다. 그 교수는 중국 반도체 업계에서 이론과 전문지식을 겸비한 사람으로 평가받는다. 애국심의 발로로 허언을 할 사람은 아니다.

중국에는 기업인을 집중 조명하는 프로그램이 많다. 자수성가한 기업인, 이들이 처했던 심금을 울리는 곤경과 난관 극복 과정, 후발 주자에 대한 조언과 격려, 우수 기업인 수상 등 다양한 프로그램이 TV와 지면을 통해 쉴 새 없이 일반 시민들에게 전달된다. 재벌 2, 3세들의 실수 탓도 있지만, 전반적으로 기업인을 죄인 취급하는 문화가 있는 한국과는 다르다.

인력은 어떨까. 좀 지난 데이터긴 하지만 2013년 기준으로 중국의 학생 수는 과학 강국 일본을 훨씬 앞선다. 중국 과학 기술 인력의 수준은 이미 세계 최고 수준에 올라온 것으로 평가되고 있으며, 고교 수학은 이미 한국보다 어려운 것으로 알려져 있다. 중국의 천

중국의 주요 월간지 및 TV 프로그램

| 월간지
《중국기업가》 | 월간지
《창업》 | 프로그램
〈장인정신〉 | 프로그램
〈연도별 우수 기업가〉 |

자료: 바이두

2013년 중국과 일본의 고급 인력 수 비교 　　　　　　　　　　　　　　　　(단위: 명)

구분	대학생	석사	박사		
			전체	이학박사	공학박사
중국	2468만	150만	30만	53,000	122,000
일본	중국의 1/9	중국의 1/7	중국의 1/4	8,000	13,000

자료: 닛케이

인계획, 외국 기관의 중국 학생에 대한 장학제도 등에 힘입어 해외 유학파들도 대거 귀국하고 중국 내에서 수학한 학생의 수준도 높아지고 있다.

　중국이 생각하는 한국은, 수천 년간 중국 주변의 한 모퉁이에 있던 작은 나라가 (길게 잡아) 최근 50년간 반짝 경제 발전을 이루어 1인당 소득 수준이 좀 높아졌다고 해서 자국민을 얕잡아 보는 근시안적 국민 정도에 불과하다. 표현이 지나치다고 할 수도 있지만, 10년 이상 매일 다양한 중국인들을 대하며 일하고 함께 땀 흘린 저자들의 느낌이 틀리다고만 볼 수도 없을 것 같다. 2010년을 전후해서 중국에서 한동안 날개 돋친 듯 팔리던 LG휴대전화는 이제 찾아보기도 힘들어졌다. 삼성 역시 낙관할 상황은 아니다.

　중국인들에게 "알고 있는 한국 브랜드와 제품이 있습니까?"라고 물으면 삼성의 휴대전화, 현대의 승용차, LG생활건강과 아모레퍼시픽의 화장품, 오리온 초코파이, 락앤락 밀폐용기 정도다. 중국 내수 소비시장에서 중국인들의 뇌리에 각인된 한국 브랜드의 현주소이고, 실제 일반 서민들과 고급 소비층의 가정에는 이 외에 다른 브랜드를 찾아보기가 쉽지 않다. 중국인들이 가장 먼저 떠올리는 브랜드인 삼성과 현대의 난조로 한국 경제를 걱정해주는 중국인들이 적지 않다.

중국인들은 최근 30여 년간 수많은 인재를 선진국에 보내 유학시키고, 우리보다 더 융숭한 대우를 해주며 세계 최고의 인재를 흡수하고 있다. 중국인들은 우리보다 더 뜨거운 애국심과 중체서용(中體西用, 중국의 사상을 근간에 두고 서방의 장점을 받아들인다)의 자세로 무장돼 있다. 수십 년간 거르고 걸러 육성된 엘리트 지도자들이 약 14억에 가까운 인구의 중국을 한 방향으로 이끌고 있다.

한국의 반도체는 기업가들의 혜안과 근로자들의 집요한 노력으로 지금의 자리에 이르렀다. 그러나 최고의 자리에 있을 때가 바로 미래를 준비할 때다. 중국은 결코 만만하지도 않고 우습게 볼 상대도 아니다. 그리고 우리가 인연을 끊고 살 수 있는 국가도 아니다. 산업을 키우기 위한 여러 제반 조건도 우리보다 유리하다. 단순히 기술적으로 중국을 앞서는 것보다 더 큰 그림을 그려야 한다. 산업적, 외교적, 역사적 관계를 종합해 중국과의 올바른 관계를 설정하고 한국의 '국보'인 반도체를 계속 키울 수 있는 혜안이 필요한 시기다.

반도체 관련 용어 설명

- 메모리반도체: 데이터를 저장하는 역할을 하는 반도체. 데이터를 저장하는 단위인 '셀' 간 간격을 좁히는 과정을 미세화라 하는데, 미세화가 진전될수록 높은 기술의 메모리반도체이다. 예를 들면 14nm(셀 간 간격을 의미, 1nm=10억분의 1m) 공정 메모리반도체는 18nm 공정 제품보다 우수하다.

- D램: 메모리반도체의 일종. 프로세서가 처리한 데이터를 영구저장장치에 보내기 전 잠깐 저장하는 역할을 한다.

- 낸드플래시: 메모리반도체의 일종. 데이터를 반영구적으로 저장하는 반도체.

- 3D 낸드플래시: 미세화를 하는 대신 위로 쌓아올린 낸드플래시. 셀 간 간격이 너무 좁아져 미세화에 한계가 오자 삼성전자가 개발했다. 이 방법을 쓰면 더 적은 면적을 차지하면서도 더 빠르게 데이터를 저장할 수 있다.

- 시스템반도체: 보통 메모리반도체를 제외한 모든 종류의 반도체를 통칭. 두뇌 역할을 하는 프로세서, 눈 역할을 하는 이미지 센서 등이 속한다.

- AP(애플리케이션프로세서): 시스템반도체의 일종. 스마트폰의 '두뇌' 역할을 하는 반도체. 컴퓨터의 CPU(중앙처리장치)와 비슷한 개념이다.

- 웨이퍼: 반도체를 만들 때 쓰는 기본 소재. 실리콘으로 만든 원형 기판으로 8인치, 12인치 등이 표준 사이즈다.

- LCD(액정표시장치): 디스플레이의 일종. 액정 위에 '백라이트'라 불리는 작은 LED 전구가 빛을 쏘는 방법으로 화면을 만든다. LCD 사이즈는 '세대'로 표현하는데, 앞에 큰 숫자가 붙을수록 큰 LCD 기판이다. 예를 들면 11세대 기판은 8세대 기판보다 크다.

- OLED(유기발광다이오드): 디스플레이의 일종. 별도의 백라이트가 없고 액정에 붙은 유기물들이 스스로 빛을 내서 화면을 만든다.

- 팹리스: 반도체를 설계만 하고 만들지는 않는 업체. 퀄컴 등이 대표적이다.

- 파운드리: 반도체를 직접 설계하지 않고 위탁 생산하는 업체. TSMC 등이 대표적이다.

- 패키징 업체: 만들어진 개별 반도체를 묶어서 모듈화하거나 PC 등 완성품에 조립하기 좋도록 패키지를 만드는 업체.

4차 산업혁명 시대 중국의 역습

반도체전쟁

제1판 1쇄 발행 | 2017년 5월 30일
제1판 4쇄 발행 | 2021년 6월 2일

지은이 | 남윤선 · 이정 · 허성무
펴낸이 | 윤성민
펴낸곳 | 한국경제신문 한경BP
책임편집 | 마현숙
저작권 | 백상아
홍보 | 서은실 · 이여진 · 박도현
마케팅 | 배한일 · 김규형
디자인 | 지소영
본문디자인 | 디자인 현

주소 | 서울특별시 중구 청파로 463
기획출판팀 | 02-3604-590, 584
영업마케팅팀 | 02-3604-595, 583 FAX | 02-3604-599
H | http://bp.hankyung.com E | bp@hankyung.com
F | www.facebook.com/hankyungbp
등록 | 제 2-315(1967. 5. 15)

ISBN 978-89-475-4207-4 03320